U0905100

珍藏本
纪念版

汉译世界学术名著丛书

自然宗教对话录

〔英〕休谟 著

陈修斋 曹棉之 译

郑之骧 校

商务印书馆
SINCE 1897 The Commercial Press

2017年·北京

David Hume
DIALOGUES CONCERNING NATURAL RELIGION
OXFORD,1935
AT THE CLARENDON PRESS
根据牛津克拉伦登出版社 1935 年版译出

本书是十八世纪英国的主观唯心主义和不可知论者休谟(1711－1776)的晚年重要著作。全书共十二篇,都系对话体裁,通过论辩方式,披露他对宗教、神的存在等问题的看法。书前附有校者序言一篇,可供读者了解本书内容作参考。

汉译世界学术名著丛书
（120年纪念版·珍藏本）
出版说明

2017年2月11日，商务印书馆迎来120岁的生日。120年前，商务印书馆前贤怀揣文化救国的理想，抱持“昌明教育，开启民智”的使命，立足本土，放眼寰宇，以出版为津梁，沟通中西，为中国、为世界提供最富智慧的思想文化成果。无论世事白云苍狗，潮流左右激荡，甚至战火硝烟弥漫，始终践行学术报国之志，无改初心。

迻译世界各国学术名著，即其一端。早在20世纪初年便出版《原富》《天演论》等影响至今的代表性著作，1950年代后更致力于外国哲学和社会科学经典的译介，及至1980年代，辑为“汉译世界学术名著丛书”，汇涓为流，蔚为大观。丛书自1981年开始出版，历时三十余年，迄今已推出七百种，是我国现代出版史上规模最大、最为重要的学术翻译工程。

丛书所选之书，立场观点不囿于一派，学科领域不限于一门，皆为文明开启以来，各时代、各国家、各民族的思想与文化精粹，代表着人类已经到达过的精神境界。丛书系统译介世界学术经典，引领时代思想，为本土原创学术的发展提供丰富的文化滋养，为推动中国现代学术和现代化进程做出了突出的贡献。

为纪念商务印书馆成立120周年，我们整体推出“汉译世界学术名著丛书”120年纪念版的珍藏本，寄望既利于文化积累，又便于研读查考，同时向长期支持丛书出版的译者、编者和读者致以敬意。

两甲子后的今天，商务印书馆又站在了一个新的历史时间节点上。我们不仅要铭记先辈的身影和足迹，更须让我们的步伐充满新的时代精神。这是商务人代代相传的事业，更是与国家和民族的命运始终紧密相连的事业。我们责无旁贷，必须做好我们这代人的传承与创造，让我们的努力和成果不仅凝聚成民族文化的记忆，还能成为后来人可以接续的事业。唯此，才能不负前贤，无愧来者。

商务印书馆编辑部

2017年10月

中译本序言

休谟(1711—1776)是十八世纪英国资产阶级哲学家,他直接继承了柏克莱的主观唯心主义,把不可知论提到了他的哲学的首要地位。

休谟接受了柏克莱的观点,认为一切知识都以经验为来源,而经验是没有客观内容的。因此,在心灵面前,除了知觉以外,就再也没有任何事物了。不过,休谟嫌柏克莱的观点不彻底,因为柏克莱一方面断言事物不过是感觉和感觉的集合,感觉以外无事物;但在另一方面,他又肯定了精神实体(例如自我——感觉者)的存在,而精神实体是在感觉以外的。休谟指出,柏克莱在这里是不能自圆其说的。休谟认为既然一切都是感觉,那么,感觉以外的任何东西,无论是物质实体,还是精神实体,都是不能肯定它是否存在的。因为肯定它存在,就得越过感觉、知觉的范围之外。而人是不能越过这个范围的。由此,休谟得出这样的结论:世界上存在的只有心理的知觉、感觉,此外是否有真实的存在,那是不可能知道的。休谟的这种观点,我们叫做"不可知论"。

休谟的不可知观点是彻头彻尾的,他不仅怀疑客观实体在物质上的存在;同时也怀疑它在精神上的存在。所以,照他看来,神的本质、特征、能力、作用等,都是我们所不能证明的,我们的心根本就做不到这件事情。休谟宣传这种观点，当然也可能使宗教教义发生动摇。正因如此，当时英国教会把休谟的神学论著当作无神论的著作，用反宗教的罪名强加在休谟身上，以至始终不让他到大学去讲课。从这方面看来，休谟的思想确实有令宗教界伤脑筋的成分。

但是，休谟是唯心主义者，他并不是一个真正的无神论者。其实他是相信神的存在的。他认为，神的存在是千真万确，神是我们希望的本源、道德的基础、社会的柱石。任何事物都必须有根源才能存在，宇宙也必须有根源。人们把这种根源叫做“神”。神的存在是不成问题的，问题只在于我们不能了解神的本质和属性。休谟进一步说明，只要是有好的悟性的人，一受到神的启示，那就绝不会否认神的观念的。万物中的目的、意旨是显然的，只要我们扩大自己的悟性，那就可以洞察这些目的和意旨，就一定相信这种不可见的主宰——神。所以，休谟虽然否认宗教是理性所能证明的东西，却承认宗教是意志的事情，是以人类的情绪冲动的天性作为基础。在这方面，休谟确实承认神的存在，确实是维护宗教的。

休谟曾反对自然神论或理神论。但自然神论是隐藏在宗教形式下的唯物主义思想，是无神论的一种特殊形式。马克思和恩格斯曾指出：当时“自然神论——至少对唯物主义者来说——不过是摆脱宗教的一种简便易行的方法罢了。”当时的著名唯物主义者洛克、托兰德等是赞成自然神论的。自然神论的缺点在于它不是彻底的无神论。休谟攻击自然神论，并不是因为他是更彻底的无神论者，正像他攻击当时英国的唯物主义，并不是因为他是更彻底的唯物主义者一样。休谟攻击自然神论，是他反对唯理论战线的组成部分，其实他的认识论所包含的错误，并不亚于唯理论。休谟反对自然神论、唯理论和唯物主义，只是由于他是不可知论者、主观唯心主义者，而不可知论和主观唯心主义，就必然会给信仰主义开拓道路，而走向有神论。

休谟在反对精神实体时，虽然对神学采取批判的态度，认为上帝也是越出经验之外的，因而是不能证明的。但他这种批判，只是为了贯彻自己的不可知论而已，绝不是什么无神论思想。休谟所反对的只是把宗教看为知识、经验的对象，而他却认为宗教信仰仍然是需要保留的，因为它为人们的生活、感情所要求。

《自然宗教对话录》是休谟的一本重要哲学著作，代表他晚年较成熟的哲学思想。休谟本人对于这本书非常重视，他在逝世以前曾经千方百计设法使这本书能够在他死后出版，不致被禁。这本书的主题是驳斥当时流行的宗教假设，也就是宇宙设计论（以下简称设计论）；设计论是当时宗教理论的中心支柱，驳斥了设计论，客观上就给予宗教本身以一冲沉重的打击。休谟对宗教的批判既影响了法国启蒙思想家，为他们所利用和受到他们的重视；也影响了康德，把康德"从独断的迷梦中惊醒"，康德也认为上帝的存在与否不能从理性得到证明，它只能是信仰的对象。设计论流行于十八世纪，经过休谟的批判，康德的传播，设计论在学术思想界再也站不住脚，此后也就不再有人以这一类的论证来证明上帝的存在。

为了要了解休谟是怎样批判宗教的，我们再来看一下他在《自然宗教对话录》以外的著作中所发表的对于宗教的一般的看法，这对于我们了解本书也是有帮助的。在休谟的心目中，一切宗教都处于平等的地位，他并不认为基督教高出于希腊教、罗马教或任何

其他宗教之上。他概括地断言，宗教所施于人类的影响，不仅是善恶相间，不容易断定其有多少益处，而且总的说来是一种恶劣的影响。休谟在确定了他的中心哲学思想以后，便始终怀疑：人类生活中到底为什么要有宗教存在；既然任何形式的宗教都是荒诞不经，为什么宗教会在许多不同形式之下普遍地掌握着巨大的努力来影响人类生活；为什么在他自己这个时代又流行着加尔文派这种严峻而阴郁的宗教。这些都是使他百思不解的问题。休谟认为，历来各种宗教的教义，本质上都是违反理性的、违反自然的东西。只要是宗教，它的本质总归是如此。

宗教要求人过一种反自然的生活。宗教为了达到它的目的，就利用迷信和狂热两种手段。休谟认为迷信和狂热是两个恶端，两者相比起来，狂热的害处比迷信的害处更大。崇尚迷信的希腊教和罗马教，由于它们对人的情感和理智影响较小，害处也比较的小；而加尔文派新教，由于它主要是用狂热为手段，严重地影响了人的情感和理智，为害尤为剧烈。

休谟认为，宗教的害处是愈演愈烈的，近代基督一神教的害处就远超过了希腊和罗马多神教的害处。宗教起源于偶像崇拜，希腊教和罗马教的主要内容是迷信，它们的根据是传说和故事，没有什么理论性的教义或教理，近代基督一神教往前进展了一步，在迷信之上又加上了理论性的教理，所以它是迷信和理论的杂种。这个由理论武装起来的迷信，其为害之大，远胜于单纯的迷信。宗教的害处，可以分两方面来说：第一是对人类理性方面的害处，其次是对于人类道德方面的害处。对于人类理性方面的害处，起码有三种。第一，近代基督教是窒息自由的。近代基督教是一个非常专横，排斥异己的宗教，它扼杀了自由、道德和知识，阻碍了人类的进步。“道德、知识、爱好自由，这些品德招来了宗教审判官的致命的惩罚；当这些品德被排斥之后，社会便陷入了最可耻的无知、腐败和桎梏”(《宗教的自然历史》及《论文集》)。近代基督教的第二大害是使人自卑。近代基督教把上帝看成远远高超于人类之上，使人在上帝面前显得十分卑小，只能忏悔、忍受和卑躬屈膝。第三，近代基督教阻止了理性的发展。在基督教统治之下，理性和哲学只是宗教的工具，只能为宗教的教义服役，而对于教义本身则不许表示任何疑问，更不必说提出违反教义的任何理论了。这些害处，在希腊和罗马多神教身上表现得要轻微得多，而在基督一神教之下却显得十分强烈，换句话说，宗教愈发展，害处也愈大，对于人类进步也起了更大的阻碍作用。

宗教的更普遍、更直接的害处在于道德方面。这方面的害处，主要有两种。宗教要求信仰者履行种种仪式，并培养种种宗教情感和抱持若干信仰。希腊和罗马多神教大都偏重于履行仪式，这种外表的仪式已经足以分散人们的注意力，削弱人们对于正义和人道这些自然的道德动机的依附，因为宗教认为履行仪式的价值是超过于日常义务履行的价值的。而近代基督教偏重于培养宗教情感及抱持宗教信仰，其危害性又超过了希腊和罗马的多神教。由于宗教情感和信仰是违反自然情感和情绪的，所以实行起来是十分勉强的，这样就造成了信仰者心口不一的不老实态度，影响了他的整个性格，使他成为一个伪善的人。所以，就宗教在道德方面的两种害处看来，近代基督教又超过了希腊和罗马的多神教。

从上所述，我们可以看到休谟对于宗教的一般看法是怎样的。

尽管休谟对宗教作了种种攻击,但他始终还是以一个有神论者的姿态出现,他在攻击宗教的时候,总是申明他所攻击的宗教,只是迷信的和狂热的通俗形式的宗教,他并不是攻击"真正的宗教"。他所谓的真正的宗教到底是什么东西呢?休谟在他的《人类理智和道德原则的研究》一书中曾经说过,真正的宗教"只是一种哲学"。这个说法非常空泛,几乎令人不解。根据他自己的理论,宗教怎么可能是真的呢?真正的宗教又怎么会是一种哲学(尤其是他的哲学)呢?这个问题在《自然宗教对话录》中可以找到解答。等我们看到《自然宗教对话录》的结论时,我们就会知道休谟之所谓真正的宗教到底是怎么一回事。

现在我们就来看休谟在《自然宗教对话录》中是如何驳斥宗教的论证的,以及他得出了什么样的结论。前面我们已经提过,休谟认为近代基督教是迷信和理论结合而产生的杂种,所以迷信和宗教论证实在是宗教的两大支柱。休谟的攻击宗教,中心任务就是要攻击这两个对象:一方面要攻击神迹(也就是迷信),一方面要攻击宗教论证,而由于近代基督教的主要论证是设计论,这是当时大家所信奉而流行的宗教论证,所以攻击宗教的论证也就是攻击设计论。休谟攻击神迹的理论,主要见之于他的《人类理智和道德原则的研究》等书中,由于这个问题牵涉到休谟的全部哲学思想,我们不可能在这里详加剖论,我们只能略提一下休谟对神迹的总的看法。休谟认为,一切所谓的神迹都是违反自然程序的,因此神迹是不可能的。但一切宗教都是建立于神迹之上的:"总的说来,我们可以断言,基督教不仅是在开始时伴有神迹的,即在今天,任何有理性的人也不能不通过神迹来加以信仰。仅仅理性不足以使我们崇信其真确性的"(《人类理智和道德原则的研究》)。神迹是不可能的,那么根据神迹而建立的上帝也就是不可能的。更进一步说,我们无论是根据理性或经验都没有理由建立一个可以神迹归之于他的上帝。而宗教的论证却恰恰是要建立这样的一个上帝,所以在攻击了神迹之后,最中心的任务就是要击破宗教的论证。

休谟在他的《人类理智和道德原则的研究》一书中,除了攻击神迹之外,同时也驳斥了当时流行的宗教论证——设计论。但是对于设计论的更深入而更彻底的批判,乃是《自然宗教对话录》。设计论在十八世纪中是宗教的权威论证,无论在宗教界或思想界都普遍地被认为是宗教的充分论证,它是宗教信仰的主要根据。

现在我们来分析一下《自然宗教对话录》的内容,看休谟是如何驳斥宗教的论证的。首先,休谟用了极大的篇幅来批判设计论的本身。设计论者根据了类比的规律肯定上帝的存在,设计论者认为,自然作品既然与人工作品相似,那么创造自然作品的因,一定便和创造人工作品的因(就是人)相似,因此就证明了一个和人的理智相似的上帝的存在。但是,我们在经验中若要推断任何事物为任何其他事物的因时,必须根据我们在事先对于同类事物的许多例子归纳而得的结论。我们看见了房屋、机器等等,从果推因,我们断定它们是人造出来的东西,这是因为我们在经验中归纳了不知多少的例子,并且知道了人的许多其他性质,我们方能断定这些东西是人造的。可是我们从自然推到创造自然的上帝时,这是从独一的果去推出独一的因来,我们既没有同类的例子归纳而得的结论可作根据,因为上帝是独一无类的,又不知道上帝的其他性质,这样的推论如何能够成立呢?要是这样的推论能够成立的话，那么我们可以用同样的推理提出许多不同的宇宙论来，例如动植物的生育和生长也可以看作是宇宙的起因，物质和运动也可以看作是宇宙的起因，以及其他许多似乎都可说得通的理论，为什么一定要说具有理智的上帝是宇宙的起因呢？一句话说，根据经验来推断上帝的存在的设计论是无法成立的。

但是，后天论证虽然不能证明上帝的存在，我们难道不能用先天论证来证明上帝的存在吗？一切事物都不能无因而存在，宇宙的因既不可能是“外因”，也不可能是“偶然性”或“无物”，因为这些都是说不通的，而宇宙又必须有因，那么宇宙的因一定是一个“必然的存在”了。这个“必然的存在”自身包含着存在的理由，我们不可能假设其为不存在，因为假设一个“必然的存在”为不存在本身就是一个矛盾。这个“必然的存在”就是上帝。这个论证休谟认为是更不能成立了。休谟认为，擅自用先天的论证来证明一个事实显然是一件荒谬的事。我们绝不能用理证（先天论证）来证明一个事物，除非这个事物的反面是蕴涵着一个矛盾的。凡是能够清晰地设想的事物是不会蕴涵矛盾的。我们设想其为存在的事物，也就能够设想其为不存在的。所以，“存在”的不存在并不蕴涵矛盾。因此，“存在”的存在是不能用理证来证明的。一句话说，这个所谓的“必然的存在”的说法是没有意义的，用先天论证来证明上帝的存在是不可能的。

既然无论根据后天论证和先天论证我们都不可能证明上帝的存在，我们是否可以从道德观点来证明必然有一个上帝的存在呢？现世的生活充满了痛苦，我们每个人的心中总觉得必然有个上帝，我们瞻望着将来，心中满怀着希望和恐惧，虔诚地祈求着他的保

护，这不是很明显地说明必然有一个上帝的存在吗？这个说法似乎是很动听，但事实上却更不能证明上帝的存在，我们甚至可以说，这个说法不但不能证明上帝的存在，而且可以用来反证上帝的不存在。现世是充满了痛苦的。世界上的痛苦是从何而来的呢？当然不可能是“偶然”产生的。那么痛苦是某种“因”的产物。是上帝意志的产物吗？但他是完全仁慈的。是违反了他的意志而产生出来的吗？但上帝是全能的。这个矛盾如何能够解释呢？即使退一百步说，我们承认现世的苦乐混杂现象是与上帝无限的力量和善性相符合的，但我们又如何能够根据这种善恶混杂的现象来证明上帝的这些纯净的、不混杂的、不可控制的属性呢？所以，从道德观点来说明上帝是必然存在的，更是不可能的事了。

综上所述，上帝的存在，无论是用后天论证或先天论证或道德观点都是无法证明的了。但休谟始终说他所攻击的是通俗形式的宗教，真正的宗教他是始终承认其有的。休谟认为，根据我们审察世界事物的结果，我们觉得上帝是存在的，不过这个上帝不是通俗宗教的所谓上帝，这是真正的宗教的上帝。前面我们已经提过，休谟说真正的宗教“只是一种哲学”，那么它的内容到底是什么呢？我们只消引用《自然宗教对话录》最后第二段中的几句话，便会得到解答。

> “一个简单的，不过是有些含糊的，或至少是界限不明确的命题，就是：宇宙中秩序的因或诸因与人类理智可能有些微的相似；假如这个命题不能加以扩大，加以变动，也不能加以更具体的解释；假如它并不提出足以影响人生的推论，又不能

作为任何行为或禁戒的根据;假如这个不完全的类比不能超出以人类理智为对象之外;不能以任何可能的样子推至于心灵的其他性质;假如真是这样的话,那么最善于探究的,最善于深思的,最有宗教信仰的人,除了每当这个命题出现时,即予以明白的哲学的认可,并相信这个命题所借以建立的论证胜过对于它的反驳以外,他还能做些什么呢?诚然,对象的伟大性会自然地引起某种惊奇,它的晦暗性会引起某种伤感,也会引起某种对于人类理性的蔑视,因为人类理性对于如此非常而如此庄严的一个问题不能给予更满意的解答。"

归纳起来说,休谟所谓真正的宗教只是(一)理智上承认"一个有些含糊的,界限不明确的命题'上帝是存在的'";(二)这个上帝并不是通常所了解的上帝;(三)根据前面两条,可知真正的宗教除了使人能免于迷信和狂热以外,对于人类行为没有任何影响。他在《自然宗教对话录》中驳斥了宗教论证,否定了通俗宗教的上帝以后,还要表示一下自己是承认上帝存在的,自己是相信真正的宗教的。

由于休谟的哲学基本上是破而不立的,所以休谟在宇宙论方面始终是抱着怀疑否定的态度的。休谟认为,要确实地建立起一个宇宙论来是不可能的。他在《自然宗教对话录》中就曾反复地表示任何宇宙论都似乎可以说得通,但实际上都是不能成立的。物质和运动、动植物的生育和生长,都可以作为宇宙构成的原则,说起来似乎都很动听,但究其极却都是无法证实的。设计论之所以不能成立,也就是因为这个缘故。既然他自己没有正面的宇宙论提出来,那么在破坏了设计论以后,实际上就表示了我们对于宇宙最终原则的无知。

休谟这本《自然宗教对话录》之所以在写成后搁置了十五年不敢出版，临终前还害怕他死后这本书不能出版，千方百计为它安排出版之路，是因为害怕当时宗教界的迫害。

归结起来说，休谟在《自然宗教对话录》里集中力量攻击一种神学，即理神论。但是反对这种神学并不等于否认任何宗教信仰。事实上，休谟的哲学既然把科学限制在观念的范围之内，就势必给宗教信仰开了方便之门，这是一切主观唯心主义和怀疑论的必然归宿。后来康德所提出的“给知识划定范围，以便给信仰让出地盘”，正是这种哲学的自白。

《自然宗教对话录》的出版，有助于我们了解休谟的不可知论，有助于了解十八世纪英国唯物主义和唯心主义的斗争情况，有助于了解当时有关宗教的争论，有助于了解从休谟向康德的过渡。唯心主义哲学是和神的观念不可分离的。唯心主义哲学不过是经过逻辑思维高度组织起来的宗教。休谟的唯心主义哲学当然也不是例外。但是，正如列宁所说，当一个唯心主义者批判另一个唯心主义者的唯心主义基础时，常常有利于唯物主义。因而，休谟站在唯心主义和不可知论立场上来批判宗教，对于唯物主义也是有利的。我们唯物主义者和无神论者阅读休谟的《自然宗教对话录》是可以借取某些弹药，经过彻底加工改造来驳斥唯心主义和宗教的。

最后，值得一提的是，休谟的哲学在帝国主义时代的资产阶级哲学中仍然有巨大影响。他的哲学和柏克莱的哲学被现代资产阶级哲学家广泛地利用着，从马赫主义到实用主义和逻辑实证主义，基本上都是这种哲学的翻版。这是我们研究和批判休谟哲学思想中，须加一并考虑的课题。

郑之骧　曾文经

1961 年 6 月

目　　录

潘斐留斯对赫米柏斯

我们看到，赫米柏斯，虽然古代的哲学家们，大都以对话的形式，来传达他们的教训，但这种写作方法，在后世却很少运用，而在那些曾经试用这个方法的人的手中，也罕见成功。诚然，现代所期望于哲学研究者的精密而条理清楚的论证，很自然地使人采取谨严的、教训的方式；这样他可以不必先作种种安排布置，而直接说明他所着眼之点；并且自此以往他就可以毫不间断地演绎出他的观点所依据的许多证明。以谈话的方式来阐发一个"系统"，往往显得很不自然；而如果对话的作者抛弃了直叙的写作方法，要想使他的表达显得比较自由一点，并且避免那种作者和读者的形式，他就往往容易陷入一种更坏的不利境地，给人以一个塾师对蒙童的印象。或者他利用一种好朋友交谈的自然气氛进行辩论，插入一些题材的变化，并且保持着说话者之间恰当的平衡；这样他就费了很多时间在安排布置和转移谈锋上，使读者很难认为对话体所有的好处，可以补偿他因此牺牲了的条理、简洁和明确性。

然而，有一些题材，却是特别适宜用对话体的，在这些题材上，对话体依旧比直接的、简单的写作方法更为可取。

凡学说中之任何一点，是那样明白，几乎不容争辩，而同时又是那样重要，不厌其谆谆教诲的，似乎就需要这样一种方法去处理它;在这方法中,方式的新颖可以补偿题材的陈腐,谈话的生动可以加强教训的力量,而且各种不同的见解,表现于各种不同的人物,可以显得既不唠叨,又不累赘。

在另一方面,任何哲学问题,是那样晦暗和不定,人类的理性对它不能得到一个确切的决定者;如果这种问题毕竟应该加以处理的话,似乎也自然地使我们采取对话和交谈的方式。凡在没有一个人能够合理地肯定之处,有理性的人总可容许有差异的看法:反对的意见,即使不能得出什么决定,也足提供一种可喜的欢娱:而假若这题材是奇妙而有趣的,这本书就在一种方式之下把我们带进一群友伴之中;把人生两件最伟大最纯洁的乐事,研究和交友,联合在一起了。

很幸运地,这些条件在“自然宗教”这个题材中都可以发见。对于上帝的存在,最愚昧的时代已经有所认识,最优秀的天才们都曾野心勃勃地尽力对它提供新的证明和论证,什么真理能像这样明白、这样确定呢?这个真理是我们一切希望的基础,道德最可靠的根基,社会最坚固的支柱,是我们思维默想中不应一时或缺的唯一原理,什么真理有如此重要呢?但在处理这明白而重要的真理时,关于那神圣存在的性质:他的属性,他的命令,他的先见的计划,又发生了哪些晦暗的问题?这一些向来是人们经常争辩的问题:关于这些,人类理性还未曾达到任何确切的决定;但这些又是这样有兴趣的题材,我们总不免情不自禁地要去对它们不停地探究;虽然我们最精密研究的结果,还只是得到了怀疑、不定和矛盾,此外没有得到什么别的东西。

我最近就曾有机会看到这些问题的讨论,这是在我照例和克里安提斯共度一段暑期的时候，他和斐罗及第美亚作那些谈话的时候我是在场的，我在最近已不完全地告诉了你一些谈话的内容。当时你对我说，你的好奇心大为激起，所以我必须更确切地向你详述他们那些推理，并且显示他们所提出的关于自然宗教这样一个精微题材的各种不同系统。当你以克里安提斯的精审明辨的哲学才能，去对照斐罗的无所顾忌的怀疑主义，或以他们任何一人的心情，去比较第美亚的刚强不屈的正统信仰时，他们性格的显著对比，又更耸动了你的热切期望。我因年轻只做了他们辩论的一个旁听者；那种少年时很自然会有的好奇心，把他们的论证的全部线索和联系，都非常深刻地印入我的记忆之中，因此我希望在重述时将不致有很大部分的脱漏或混淆。

第　一　篇

我发见这几个友伴坐在克里安提斯的图书室里，当我加入他们这一群以后，第美亚恭维了一下克里安提斯关于他对我的教育的热心照料，以及他在一切友谊中的经久不懈。他说，潘斐留斯的父亲先前是你的知友；这孩子现在又是你的学生，而如果我们以你传授给他文学和科学的每一有用部门的那种苦心来判断，则其实可以把他看作你的养子。我深信你不缺少谨慎，正如你不缺少辛勤一样。所以我要告诉你一条格言，那是我对于我自己孩子们的教育一向所遵守的，以便知道对你所实行的办法有如何程度的符合。我对他们的教育所循的方法是基于一个古人的一句名言,“学哲学的人们首先应该学逻辑,其次伦理学,再次物理学,最后才是上帝的性质”。按照他的说法,这门自然神学的科学,是任何科学中最深奥、最玄妙的,所以需要学习者具有最成熟的判断力;而且我们只能安全地把这门科学付托给一个富于所有其他科学训练的心灵。

斐罗说,你这样迟才以宗教的许多原则教导你的孩子们吗?那些看法,在他们整个教育过程中听得那样少,他们没有把它们忽略或全部摈弃的危险吗?第美亚答道,这只是以自然神学作为一种属于人类推理论辩的科学,我才延迟其研究。至于及时使他们心中早早具有一种宗教的虔敬,则是我主要注意所在;我以继续不断的箴规和教训,同时还希望以自身的榜样,把一种对于一切宗教原则的尊敬的习惯,深深地印入他们稚弱的心灵中。当他们涉猎其他各种科学时,我还要指出每一部分的不确定性,人们永久的争论,一切哲学的晦暗,以及有些最大的天才仅从人类理性的原则所得出的奇怪而可笑的许多结论。这样驯服了他们的心灵使他们具有一种适当的恭顺和谦逊之后,我就不再有任何顾忌地把宗教的最大神秘显示给他们,也不忧虑他们会有那种哲学的傲慢骄矜,使他们有摈弃最确定的教义和看法的危险。

斐罗说,你留心及时使你孩子们心中早具一种宗教的虔敬,当然是很合理的;而且在此缺乏宗教信仰的渎神的时代,也没有比这件事更需要的了。但我在你的教育计划中所特别欣羡的,是你就哲学和学术研究的原则本身,取得对宗教有益的资料那种方法,因为那些哲学和学术研究的原则,往往引起人的骄傲和自满,在一切

时代都常发见它们对宗教原则有非常大的破坏性。的确，我们可以注意到，对科学和高深的研究毫无所知的通常的人，看到学者们的无穷争辩，一般对哲学有一种彻底的轻视；因此，他们就更坚执于人家所教他们的神学要义。那些浅尝学术研究和探讨的人，在最新颖最离奇的学说中，见到了证实那些学说的论据的许多表面现象，就以为对于人类理性并没有什么太困难的东西，狂暴地冲破了一切的藩篱，进而亵渎神圣事物的最深的堂奥。但是我希望克里安提斯会赞同我，在我们放弃了"无知"这个最可靠的救药之后，还仍旧有一个得策，可以用来防止这种狂妄的渎神。让第美亚的原则得到改进和发挥，让我们变得彻底地感觉到人类理性的脆弱、盲目和狭隘，让我们正确地考虑一下它所表现的不确定性和不必要的矛盾，即使在日常生活和实践的题材上也是如此。让我们看清我们感觉本身的虚妄和错误；看清一切哲学系统中的基本原理所连带着的那些不可克服的困难；看清那些属于物质、因果、广袤、空间、时间、运动等观念的矛盾；同时，概括地来说，要看清一切种类的量，这是唯一能适当地自命为具有任何确定性和明显性的科学的对象。当我们把这些题材充分明白地剖示出来，如像有些哲学家和差不多所有的宗教家所做的那样；谁能对这理性的脆弱能力保持那样大的信心，以至在如此崇高、如此深奥、如此远离日常生活及经验之点，对理性的决定也给予任何尊重呢？既然一块石头的各部分的凝聚无间，或甚至使石头延展的各个部分的结合，我说，既然这些熟习的对象是如此不可解释，并且包含着如此相反的和矛盾的情形；凭什么我们可以决定有关宇宙起源的问题，或自永恒以至永恒追溯它的历史呢？

当斐罗说这些话时，我可以在第美亚和克里安提斯两人的面上都看出微笑。第美亚的笑容似乎隐示着对所说的道理无保留的满意：但在克里安提斯的面容上，我可以分辨出一种慧黠的神气；好像他觉察到在斐罗的推理中有某种嘲讽或狡猾的恶意。

克里安提斯说，那么，斐罗，你是提议建立宗教的信仰于哲学的怀疑论之上；你以为如果把确定性或明显性从其他各种研究题材上剥夺去以后，这个确定性或明显性就都会归于这些神学的教义，而在神学中获得一种优越的力量和权威。你的怀疑论是否真如你自命那样地绝对或真诚，等这里散伙的时候，我们可以慢慢再看：我们将看你从门口还是从窗口走出去；看你是否真的怀疑你的身体具有重量，或跌下时是否会受伤；看你是否真的怀疑从我们虚妄的感觉和更虚妄的经验所得出的一般看法。这种考虑，第美亚，我想很可以用来使我们减少对于这幽默派的怀疑主义者的恶意。如果他们是彻底认真的，他们将不会长久以他们的怀疑、强辩和争论来扰乱这个世界；如果他们只是开开玩笑，这种玩笑也许不能算开得很好，但他们也绝不会是很危险的，不论对国家、对哲学或对宗教。

他又接着说，其实，斐罗，这似乎是确定无疑的，就是说，虽然一个人，在他的兴致骤发，强烈地思考过人类理性的许多矛盾和缺陷之后，可能完全放弃一切的信仰和看法：但他实在不可能坚持这种彻底的怀疑主义，或者使它见之于他的行为，经历数小时之久。外界对象压迫着他、感情引诱着他、他的哲学的伤感性减弱了；甚至那种加诸他自己的性情上的最大的激烈情绪，在任何时间内也都不能保持那怀疑主义的可怜的表面色彩。并且有什么理由要把这样的一种激烈情绪加在他自己身上呢？这是他自己也不能前后一致地以他的怀疑主义原则，使他自己满足的一点。所以总的来说，没有比那古代的比罗派[1]的原则更可笑的了，如果他们事实上也竭力如他们所自命的那样把这同一个怀疑主义彻底推广到日常生活中去的话；而这套怀疑主义是他们从他们学派的矫辩中学习来的，他们也应该把它限制于矫辩范围之内。

从这个观点看，斯多噶派[2]和比罗派虽然是死敌，两者间也有一个很大的相似处：两者似乎都以下列错误的公则做基础，即凡一个人在某一时候、某种心情下能够实行的，他就在一切时候，一切心情下都能实行。依照斯多噶派的思想，当心灵提高至于对道德的一种最高的热诚状态，并且强烈地受到任何一种荣誉或公共利益的激动时，身体上的最大的痛楚和苦难，都不会战胜这样一种崇高的责任感；并且甚至于可能因此在痛苦中微笑而欢欣。如果这在有时候可能是实际情形的话，那么一个哲学家，尤其在他的学院或甚至他的私室中，更可以努力使自己达到这样一种热诚状态，使其在想象中支持住他可能设想的最剧烈的痛苦，或最惨酷的祸难了。但他将如何支持这种热诚本身呢？他的决心松弛了，并不能随意地唤回；世务引他入了迷途；厄运不知不觉间攻击他，而这个哲学家就逐渐沦为俗人了。

斐罗答道，我承认你对斯多噶派和怀疑主义派之间的比较。但同时你也可以注意到，虽然心灵在斯多噶主义中不能支持那种

① 比罗派（Pyrrhonism）是希腊人比罗（Pyrrho）所创的怀疑主义派。——译者

② 斯多噶派（Stoicism）是希腊人芝诺（Zeno）所创的禁欲主义学派，提倡禁欲和坚忍的精神。——译者

最高的、哲学的高超境界，但即当其较为堕落时，它也仍能保持一些先前的心情；斯多噶派学者理论的效果会表现于他对日常生活的处理上，并渗入他整个生活行动的方针中。古代的许多学派，特别是芝诺[①]一派，作出许多德行和坚贞节操的榜样，现在看来简直是令人惊异的。

一切都是空虚的智慧和虚伪的哲学。
但以一种可喜的魔术可以暂时麻醉
痛苦或烦恼，并且激起
迷妄的希望，或以顽强的坚忍力
武装起无情的心胸，如用三重的铁甲。[②]

同样地，假如一个人惯于对理性的不确定和狭隘的范围作怀疑的思考，当他转而思考其他题材时，他不会完全忘记了它们；而在所有他的哲学原则与推理中，我不敢说在他的通常行为中，将可发现他实在不同于那些对事物从未建立起任何看法的人，或具有较偏向于人类理性的看法的人。

任何人，无论他可能把怀疑主义的思辨原则推演到何种程度，我承认，他仍旧必须行动、生活并且交谈，和旁人一样；而对于这种行为，他除了说他有这样做的绝对必要性之外，不必给予任何其他理由。假如他把他的玄思推到更远，超过这种束缚他的必要性，在自然或道德的题材上，加以哲学的探讨，那是由于他发见在那样思考之后所得到的某种快乐和满足，所以才这样做的。此外，他想，

① 参阅前页斯多噶派的注。——译者
② 见密尔顿著《失乐园》(Paradise Lost)卷二。

每一个人，甚至在日常生活中，都必得或多或少地具有这样的一种哲学；我们从最早的婴孩期起，就不断地前进，形成一些对行为与推理愈来愈普遍的原则；我们得到的经验愈多，我们所禀赋的理性愈强，我们就常常把我们的原则推演得更普遍和更全面；我们所谓哲学实不过是更有条理、更善用方法的同一类的作用。哲学地探讨这样一些题材，和日常生活方面的推理，在本质上并没有什么不同；而我们希望从我们的哲学中若是得不到更大的真理，总可以得到更大的稳定性，这是因为哲学在进行程序上具有更精确、更审慎的方法。

但当我们纵目于人类事务和周围个体的性质之外：当我们的玄思进入两个永恒之中，即进入事物的当下状态的以前和以后的时际；当我们的玄思进入宇宙的创造和形成；精神的存在和性质；一个无始无终地存在的、全能、全知、不变、无限和不可思议的普遍精神的力量和作用，这时我们就必须是丝毫没有怀疑主义倾向的人，才会不怕我们在这里已经大大地超出我们的能力范围之外了。当我们的思考只限于商业、或道德、或政治、或批评的范围内时，我们每一刻都诉诸常识和经验，常识和经验加强我们的哲学结论，并且消除（至少是部分地）我们对每一种很精微、很细致的推理所时常正当地抱有的疑虑。但在神学的推理中，我们没有这个有利条件；同时，我们必然知道，我们在从事处理着大得超出我们的掌握的对象，它们是所有对象中最需要我们的理解所熟悉的对象。我们好像是在一个陌生国度里的外国人，每一件事物对我们都好像是可疑的，并且每时每刻都冒着危险，怕触犯我们所与生活和交谈的人民的法律和习惯。我们不知道，在这样一个题材中，我们对于

通常的推理方法，应该给予何种程度的信任；因为，即使在日常生活中，以及在那特别适合于这些通常推理方法的范围之内，我们也不能说明它们，我们在使用它们时，完全是受了一种本能或必要性的支配。

所有的怀疑主义者都认为，假如从抽象观点来审察理性，理性确实提供出反对它自身的不可克服的论证，要是怀疑主义的推理不是那样细致和精微，以致不能与从感觉和经验所得的更稳固、更自然的论证相抗衡，那么我们对任何题材就绝不能保持任何的深信或确信。但这是很明显的，每当我们的论证失去了这个有利条件，最精细的怀疑主义就会和我们这些论证处于同等地位，而能够同它们分庭抗礼了。彼此的分量成为不相上下。心灵必须在两者之间保持悬而不决，而正是这种悬而不决或不相上下，就是怀疑主义的胜利。

克里安提斯说，但是我看到，斐罗，对于你和一切的理论怀疑主义者，你们的主义和实践行为，在理论的许多最深奥的地方，也和在日常生活的行为中一样，非常的不一致。每逢证据明显的地方，你们也就随着赞同、不管你们所自诩的怀疑主义了；并且我也可以看到，你们这一派之中有一些人，也和那些对确定性和确实性表示较大信任的人同样地坚决。其实，如果有一个人自称不接受牛顿关于虹彩那种奇异现象的解释，只因为那种解释给光线以一种很细致的解剖；以为这个题材实在太精妙了，非人类的理解力所能达到；这样一个人不是很可笑的吗？再如有一个人，对于哥白尼和伽利略有关地动的论证，毫无具体理由可以提出反对，却只是根据了那个一般的原则，说这样的题材是太宏大，太玄远了，非人类狭隘的、谬误的理性所能解释，因此不肯认可，对于这样的人，你将说什么呢？

事实上确有一种粗鄙而愚昧的怀疑主义，像你所清楚地看到的，它给通常人以一种抗拒他们所不易了解的事物的普遍的偏见，使他们对于每一种需要精深推理来证明和建立的原则，一概拒不接受。这一种怀疑主义，对于知识，真是致命的，但对宗教却并不如此；因为我们看到，那些表示最坚决主张这种怀疑主义的人，往往不但同意有神论和自然神学的伟大真理，并且甚至承认传统迷信所提供他们的最荒谬的教义。他们坚决地相信着女巫；虽然他们不愿相信，也不愿研究欧几里得的最简单的命题。但精密的、哲学的怀疑主义者，却陷入相反性质的一种矛盾。他们的研究钻进科学最深奥的角落；并且，他们在每一步研究上只要遇见证据，他们就都按照着这种证据的正确程度而表示同意。他们甚至逼得只能承认，最深奥、最玄远的对象，就是哲学所曾最明白地解释过的那些对象。光实在已经经过分析了；天体的真正体系已经发现并且已经确定了。但身体的食物营养仍旧是一种不能解释的神秘：物质各部分的凝聚仍旧是不可了解的。所以，这些怀疑主义者，被迫对每一个具体问题的证据，都得分别地予以考量，然后按照着他们所发现的证据的正确程度，按比例地予以承认。这是他们对于一切自然的、数学的、道德的、政治的科学所实际做了的。那么我要问，为什么在神学和宗教方面又不一样了呢？为什么单单对于这种性质的结论，就只凭着人类理性的缺陷那样一个概括的假定，并不对其证据作具体的讨论，而便加以摈斥呢？这样一种不公平的行为，不正是偏见和感情用事的明白证据吗？

你说，我们的感觉是谬妄的，我们的理解力是谬误的，我们即使对于最熟悉的对象，如广袤、绵延、运动等的观念，都充满了荒谬和矛盾。你向我挑战，要我去解决、调和你在这些方面所发现的困难和冲突。我没有能力来担当这样一个伟大的任务；我也没有这样的闲暇；我觉得这是多余的。你自己的行为，在每一情况之下，都驳斥了你自己的原则；并且对于科学、道德、智虑和行为的一切公认准则表示了最坚决的信赖。

我绝不会赞成这样一个严峻的看法，像一个著名的作家[①]所说的，他说怀疑主义者不是一批哲学家，他们只是一批说谎者。但是我可以断定（我希望不会有所冒犯），他们是一批诙谐者或嘲讽者。但对于我来说，每当我想要开开玩笑或找点欢乐的时候，我一定会选择一种性质不是那样困惑和深奥的娱乐。一个喜剧、一本小说，或至多是一部历史，比之这种形而上学的精微和抽象的思考，似乎总是一种更自然的消遣品。

怀疑主义者要想在科学和日常生活之间，或一种科学与另一种科学之间加以区别，只是徒劳。在一切方面所用的论证，假如是正确的，都是性质相同，并且具有同等的力量和明显性。或者，如果在它们之间有任何区别的话，那也完全是神学或自然宗教一方面占着有利条件。许多力学的原理，都是建立于很深奥的推理之

---

① 《思想术》（*L'Art de penser*），《逻辑或思想术》（*La Logique ou l'art de penser*），亚诺尔（Antoine Arnauld，1612—1694）著，1662 年出版。此处所指系第一讲中之一段（1843 年版，26 页）："没有人会认真地怀疑是否有一个地球，一个太阳，和一个月亮，或全体是否大于其部分的。他可以嘴上说他怀疑，因为他可以说谎；但他不能在他的心里这样说。因此比罗派不是一批深信他们自己所说的话的人，而是一批说谎者。"

上的；但没有一个自命为研究科学的人，甚至也没有一个理论上的怀疑主义者，对这些力学原理抱有丝毫怀疑的。哥白尼的学说系统包含着最可惊异的怪论，并且最违反我们的自然概念，违反现象，以及我们的感觉本身；但甚至僧侣和宗教审判官现在也只好撤销他们的反对了。那么像斐罗这样一个有如此明朗的天才和广博的知识的人，还会对这种建立在最简单、最明白的论证之上，而且除非遇到人为的阻碍，如此易于被人接受和采纳的宗教假设，抱有任何一般的、皂白不分的怀疑态度吗？

他转身对着第美亚，又继续说，这里我们可以看一下科学史上一个颇为奇怪的情形。自从基督教最初建立时哲学与通俗宗教结合以后，在一切传教大师中间，没有比反理性、反感觉、反一切仅从人类研究和探索而得的原则的谈论更普通的了。古代学院派的一切论题都被那些教父们采用了；从此在若干时代内流传于基督教国家的每一学校和讲坛。宗教改革家也采纳了同样的推理原则，或毋宁说是谈论的原则；一切对于信仰的卓越性的赞美，总是要掺入一些严酷的讽刺，以打击自然理性。有一位著名的主教[①]，也是这样，他属于罗马教派，是一个学问最为渊博的人，他写了一本颂扬基督教的书，同时也写了一篇论文，里面充满了最莽撞、最坚决的比罗主义的强辩。洛克似乎是第一个基督教徒，敢于公开地主张**信仰**无非是**理性**的一种，宗教只是**哲学**的一支，以及要发现一切

① 于爱（Peter Daniel Huet，1630—1721），亚佛兰契（Avranches）的主教，此处所指之论文即《论人类理性的缺陷》（Traité philosophique de la faiblessə de l'esprit humain），于1723年本人死后出版。参阅巴蒂生《论文集》（Mark Pattison's Essays，vol. i，p. 299）。

自然神学和天启神学的原理，也总得要运用成串的论证，和建立伦理学、政治学、物理学的任何真理所用的成串的论证一样。贝尔[①]和其他放肆派把那些教父和最初宗教改革家的哲学的怀疑主义，加以误用，这种误用更进一步地传播了洛克先生明智的看法：而到现在，凡一切以推理和哲学自命的人，也可说是都认为无神论者和怀疑主义者差不多是同样的意义。并且，既然我们可以断定没有一个自称信奉后一种（怀疑主义）原则的人是真切的，我也很乐于希望认真地主张前一种（无神论）原则的人，也是同样地少。

斐罗说，你不记得培根勋爵在这个问题上的杰出的名言吗？克里安提斯回答说，少量的哲学使一个人成为无神论者；多量的哲学则使他皈依宗教。斐罗说，这也是一句很明智的话。但我心目中所想的是另外一段，其中在提到了大卫的愚人在心里说并没有一个上帝之后，这位大哲学家指出如今的无神论者有双重的愚蠢：因为他们在心里说没有上帝还不满意，并且还要在嘴上也说出他们的大不敬来，因此他们就犯了多重的轻忽和冒失的罪。这样的人，就算他们是非常真切，我想也不会是很可怕的。

但虽然你可以把我列入这些傻瓜一类，我还不禁要向你提出一句话，这就是我从你对我们所说的宗教或非宗教的怀疑主义的历史上所注意到的一点。在这件事的整个进程中，我似乎觉得有很强烈的教士策略的迹象。在古代学派解体后那样的愚昧的时代中，教士们看到无神论、自然神论或任何一种异教，都只可能是起于对公认看法的狂妄的究诘，并起于人类理性足以担当一切的信

① 贝尔（Pierre Bayle，1647－1706），法国怀疑主义派哲学家。——译者

念。在那时，教育对于人心具有巨大的影响，其力量几乎等于感觉和一般理解力的提示，这种提示，即使是最坚决的怀疑主义者也须受它支配的。但到了现在，教育的力量已大大地减弱了，而人们由于和世界各地更为公开的交往，已经知道去比较各个不同民族和不同时代通行的原则，我们那些聪明的宗教家们已经改变了他们整个的哲学体系，而谈着斯多噶派、柏拉图派和逍遥学派的语言，却不说比罗派和学园派的话了。现在如果我们不信任人类理性，我们就没有别的原则可把我们引入宗教去了。这样，在一个时期中是怀疑主义者，在另一时期中又是独断主义者了；那一个系统最适合于这些可敬的先生们的目的，能够给他们一种凌驾人类的权势，他们就必然以之为可意的原则和确立的教义。

克里安提斯说，凡人们发现哪些原则最可以作他们的主义的护符，他们就采纳哪些原则，这是很自然的；我们也无需乎推究到教士策略来解释这样一种合理的方策。

当然，只要看到任何一套原则足以证实真正的宗教，并可用以击破无神论者、放肆派以及各派自由思想者的强辩，这便是推定这套原则是真的并认为应该加以采纳的最坚强的理由了。

第　二　篇

第美亚说，克里安提斯，我必须承认没有比你在这个争论中自始至终所采用的解释更使我惊讶的了。根据你的言谈的全部意旨，人家会以为你是在维护神的存在，反对无神论者及不信宗教者的强辩，你好像是被迫成为保卫一切宗教的基本原则的一个战士。但是这个，我希望绝不是我们之间的一个问题。我相信，没有人，至少没有任何具有常识的人，对于这般确定而自明的真理会存有严重的疑心。问题不在于神的存在，而在于神的性质。我断言，由于人类理解力的缺陷，神的性质对于我们完全是不可了解，不可知的。至高心灵的本质，他的属性，他存在的方式，他持续存在的真正性质；这些以及关于如此神圣的存在的每一细节，对于人类都是神秘的。我们是有限的、脆弱的、盲目的生物，我们应该在他的庄严的存在前自己表示谦卑，并且应该知道我们的脆弱，默默地赞仰他的无限的完善，这些无限的完善，是目不能见，耳不能闻，人心也从不曾了解它们的。它们是被遮蔽在深厚的云翳之中而与人类好奇心隔离的，企图透入这些神圣的奥秘之中就是渎神，而企图要探究他的性质与本质，命令与属性的这种冒失，也仅次于否认他的存在的那种忤神而已。

但是为了使你不致认为我的虔敬在这里胜过了我的哲学，假如我的意见需要任何支持，我便要引一个很大的权威来支持它。从基督教奠定以来，所有曾经研究过这个论题或任何其他神学论题的神学家，我几乎都可以引证：但目前我只举出一个在虔敬与哲学两者都有同等声誉的人。这就是墨尔布兰许神父，我记得他自己这样表白过[①]。他说，“一个人不应称神为一个精神，来正面地表示他是什么，正如不应该表示他不是物质一样。他是一个无限

① 《对实在的研究》第3卷，第9章。

完善的存在”：在这一点上我们不能怀疑。正如即使假定他是有形体的，我们也不应该像神人相似论者[①]所主张的，以为他就是具有人形，因为人形是所有形体中最完善的；同样我们也不应该以为“神”的“精神”具有人的观念，或与我们的精神有任何类似，因为我们知道没有比人心更完善的东西，我们毋宁应该相信，他包含物质的完善性而他并非是物质的……他也包含天生的精神[②]的完善性而他并非是我们所谓的精神：他的真名是“他存在”，或者说，无限制的“存在”，“全在”，无限而普遍的“存在”。

斐罗答道，第美亚，在这样一位像你所举出的伟大的权威，以及你可能再多列举成千的权威之后，还要添上我的意见，或者表示我对于你的理论的称赞，徒然显出我的荒唐可笑而已。但当合理的人们讨论这些论题时，他们的问题当然绝不会是关于“神”的存在，而只是关于“神”的性质。正像你说得很好，前一真理是毫无问题而自明的。没有事物无因而存在的；而这个宇宙（无论宇宙是什么）的原始因我们称之为“神”；并且将每一种的完善性都虔敬地归之于他。无论谁怀疑这个基本的真理，谁就该受到哲学家们所能给予的种种惩罚，即是极大的嘲笑、轻蔑与责难。但是因为一切完善全都是相对的，我们不应该认为我们就了解了这个神圣的“存在”的属性，或者就假定他的完善性与人类的完善性有任何类似或

① 神人相似论（Anthropomorphism）通常译作神人同形论，或神人同性论，或神人同形同性论，在本书中用义较广，只能用神人同形同性论这个译名，但本书除此处外，用此名词时，均侧重神人同性，神人同形同性论一词中，似乎形与性并重，恐滋误会，为统一起见，改译今名。——译者

② 天生的精神，原文是 Created spirits，指天赋给有情生物（即动物和人）的精神，是有限的。——译者

相同。智慧、思想、设计、知识；我们把这些归之于他是对的；因为这些字在人间是荣誉的，而我们也更没有另外的语言或另外的概念来表示我们对于他的赞仰。但是我们要注意，不要以为我们的观念和他的完善性有任何的相应，或者以为他的属性与人类的属性有任何的类似。他无限地高超于我们有限的观点与理解之上；他是寺院里礼拜的对象，而不是学院中争论的对象。

他接着说，克里安提斯，实际上，要达到这个决定，并没有采用你所讨厌的矫饰的怀疑主义的必要。我们的观念超不出我们的经验：我们没有关于神圣的属性与作为的经验；我用不着为我这个三段论式下结论：你自己能得出推论来的。在这里，正确的推理与正当的虔敬会合在同一个结论之中，两者都确定了至高"存在"的值得赞仰的、神秘的而不可了解的性质，这对于我是愉快的（我希望你也是如此）。

克里安提斯对着第美亚说，不要在兜圈子中糟蹋时间，而不直接回答斐罗的虔诚的辩辞；我要简单说明我对于这件事情的看法。看一看周围的世界：审视一下世界的全体与每一个部分：你就会发现世界只是一架巨大机器，分成无数较小的机器，这些较小的机器又可再分，一直分到人类感觉与能力所不能追究与说明的程度。所有这些各式各样的机器，甚至它们的最细微的部分，都彼此精确地配合着，凡是对于这些机器及其各部分审究过的人们，都会被这种准确程度引起赞叹。这种通贯于全自然之中的手段对于目的奇妙的适应，虽然远超过于人类的机巧、人类的设计、思维、智慧及知识等等的产物，却与它们精确地相似。因此，既然结果彼此相似，根据一切类比的规律，我们就可推出原因也是彼此相似的；而且可以推出造物主与人心多少是相似的，虽然比照着他所执行的工作的伟大性，他比人拥有更为巨大的能力。根据这个后天的论证，也只有根据这个论证，我们立即可以证明神的存在，以及他和人的心灵和理智的相似性。

第美亚说，我愿意坦白告诉你，克里安提斯，我自始就不赞成你关于神与人相似的结论；更不能赞成你企图建立这结论的手段。什么！关于神的存在，没有理论证明可言！也没有抽象的论证可言！也没有先天的证明可言！难道历来为哲学家们所十分坚持的这些论点都是谬误，都是诡辩吗？难道在这个论题上在经验与或然性之外便不能再进一步吗？我并不是说，这样就透露了神的原因：但由于这种矫饰的坦白，你却实实在在给予无神论者一种有利条件，这种有利条件是他们只凭借论证与推理所绝不能得到的。

斐罗说，我对于这个论题所主要怀疑的，并不是克里安提斯将一切宗教的论证都归结于经验，而是它们甚至还不像是后天论证中最确定、最不可非难的一种论证。石头会下坠，火会燃烧，泥土有坚实性等等我们不知看到过几千遍了；当和这些性质相同的任何新的例子出现时，我们会毫不迟疑地得出习惯的推论。这些情况的精确的相似，使我们对于一个相似的事件有完全的保证；我们便不希望亦不搜求更有力的论证了。但只要你稍微远离这些情况的相似性，你就比例地削弱了这个论证；最后并且可以使这证明成为一个非常不可靠的类比，这种类比显然容易陷入错误和不定。我们有了关于人类血液循环的经验之后，我们无疑知道在张三和李四身体内亦有血液循环：但从蛙及鱼体内的血液循环，我们去推知人类及其他动物身体中亦有血液循环，就只是一种假设，虽然因为是从类比而得，可算是一个有力的假设。若我们从血在动物体内循环的经验推出植物液汁亦在蔬菜内循环，这种类比的推论就更脆弱；而那些遽然信从那种不完全的类比的人，由于更多精密的试验，结果却发现是错误的。

克里安提斯，假若我们看见一所房子，我们就可以极有把握地推断，它有这一个建筑师或营造者；因为我们所经验到的果与果所从出的因恰是属于一类的。但你却绝不能肯定宇宙与房子有这样的类似，使我们能同样可靠地推出一个相似的因，或者说这样的类比是完全而又完善的。两者之间的差别如此显著，所以你在这里所推出的充其量也不过是关于一个相似因的一种猜想、一种揣测、一种假设；而这个推测将如何会被世人接受，我让你自己去考虑吧。

克里安提斯答道，那诚然是很难被人接受的；而且如果我竟承认关于神的证明只是一种猜想或揣测，那我当然应该受到谴责与申斥了。但是，在一所房子之内与在宇宙之内，对于达到目的之手段的全部安排、最后因的法则、每一部分的秩序、比例、与排列，竟是如此漠不相似的吗？楼梯的梯级显然是为了人的脚踏着梯级上升而设计的；这个推论明确而无谬误。人的脚也是为了走路与上升而设计的；我承认这个推论，由于你所提到的不相似性，并不怎样的确定；但这个推论就因此只配称为假设或揣测吗？

老天呀！我们说到哪里去了！第美亚叫了起来，打断了他的话。热心的宗教保卫者竟会承认关于神的证明缺少完善的明证！而斐罗，我所借以为助的你，在你证明神性的值得赞仰的神秘性时，你竟亦赞成克里安提斯所有这些过于夸张的言论么？除了说这些言谈过于夸张之外，我还能以什么话来形容呢？这样的道理为这样的一个权威在潘斐留斯这样一个青年人面前所提出、所支持，我为什么还要避不加以谴责呢？

斐罗回答说，你似乎还不了解我是遵循克里安提斯自己的方法来和他辩论的；我希望让他知道他的学说所产生的危险后果，最后使他归从于我们的意见。但是，我看，最使你难堪的是克里安提斯关于后天的论证所作的陈述；而且因为你觉得这种论证不易为你所掌握，容易陷入渺茫之中，于是你就认为这种论证隐晦太甚，使你对于它的真面目也不能相信。但无论我在其他方面怎样反对克里安提斯的危险的道理，我必须承认他确是明白地陈述出那种论证；我想要就这件事情向你说明，使你对于那种论证不再存有疑心。

假如人离开了他所知道或所曾看见过的事物而作抽象的思考，他一定完全无法仅从他自己的观念来决定宇宙必须是什么一种样子，也不能区别事物的某种状态或情况和另一种状态或情况间的真伪。因为既然凡是他所能清楚地设想的事物都不是不可能的，也不能是含有矛盾的，所以即使是他所幻想的怪诞不经的东西也不是不可能的或含有矛盾的；对于具有同等可能性的观念或系统，他也没有赞成其一，拒绝其他的正当的理由。

再进一步说，等到他睁开了眼睛，审视一下世界的实况之后，替任何一个事件指定原因，这对于他首先就是不可能的；替天地万物或宇宙指定原因更是不可能的了。他可能使他的幻想作一番遨游；然后他的幻想可能带给他无数的报道与叙述。这些报道与叙述都是有可能的；但正因为都是同样的可能，他就绝不能由他自己提出一个合适的理由来区别其间的真伪。唯有经验能为他指出任何现象的真正原因。

第美亚，根据这个推论的方法，可以推出(这实在是克里安提斯自己所默认的)：秩序、排列或者最后因的安排，就其自身而说，都不足为造物设计作任何证明；只有在经验中体察到秩序、排列，或最后因的安排是来自造物设计这个原则，才能作为造物设计这个原则的证明。就我们先天所能知道的，秩序的本源或起因可能就包含在物质自身之中，犹如它们包含在心灵自身之中一样；物质各个组成部分可由于一个内在的未知因而构成一个最精细的排列，正像物质各个组成部分的观念，在伟大的普遍心灵中，可由于同样的内在的未知因，而构成同样精细的排列，两者是同样不难想象的。这两个假设的同等可能性是可以容许的。但在经验中我们发现(依照克里安提斯所说)它们之间是有差异的。将几块钢片扔在一起，不加以形状或形式的规范，它们绝不会将自己排列好而构成一只表的；石块、灰泥、木头，如果没有建筑师，也绝不能建成一所房子。我们知道，只有人心中的概念，以一个不知的、不可解释的法则，将自己排列好而构成一只表或一所房子的设计。因此，经验证明秩序的原始原则是在心中，不是在物中。从相似的果，我们推出相似的因。宇宙之中与在人类设计的机器之中，手段对于目的的配合是相似的。所以原因也必须是相似的。

我必须承认，我从开头就反对神人相似的说法；我认为这种说法隐含着对于至高存在的贬抑，凡是笃实的有神论者都是不能忍受的。因此，第美亚，凭着你的帮助，我想要对于你所恰当地称谓神性的值得赞仰的神秘性加以辩护，对于克里安提斯的推论加以批驳；假如他认为我对这个推论的陈述是公平的话。

克里安提斯表示同意之后，斐罗略停片刻，便开始发表下面的意见。

克里安提斯，一切关于事实的推论都以经验为根据，一切根据实验的推论都以因的相似证明果亦相似，果的相似证明因亦相似的假定为根据：这个现在我不和你多作辩论。但我要请你注意，所有正确的推论家如何极度小心地把他们的实验推广到相似的情况上去。除非是情况确实相似，他们不会完全放心将他们过去的观察应用到任何特殊现象上去的。环境的每一变动都引起对于某一事件的一个怀疑；需要用新的实验来确实证明这些新环境是没有重要性的。空气的性质、周围的物体、体积、地位、排列、时间等方面的一点点变动，任何这些小节都足以引起最不可测的后果：在任何这些变动发生之后，除非我们对于这些对象十分熟审，我们要是确定地预料新起的事件能和我们以前观察过的事件相似，乃是极大的鲁莽。哲学家的稳重而谨慎的步子若与常人的莽撞的迈步有任何不同，那不同就在于此；常人为最微末一点的相似所驱使，丝毫没有审察或考虑的能力。

但是，克里安提斯，你可想到当你将房屋、船舶、家具、机器与宇宙作比较，并且因为它们某些情况的相似，便推得它们的原因也相似时，你不是已跨了一大步，而把你平常的恬静和哲学都收起来了么？我们在人类或其他动物中所发现的思想、设计或理智亦不过是宇宙的动因和原则之一，与热或冷，吸引或排斥，以及日常所见的千百其他例子之均为宇宙的动因和原则之一，没有两样。我们知道思想、设计或理智是一个主动因，自然的某些特殊部分借着它可以改变自然的其他部分。但是从部分中得出来的结论能够合适地推而用之于全体吗？其间的极大悬殊，不是禁止着一切的比较和推论吗？观察了一根头发的生长，我们便能从此学到关于一个人生长的知识吗？一片叶子动摇的情形，即使在彻底了解以后，就会供给我们关于一棵树的成长的任何知识吗？

即使让我们将自然的一部分对于其他部分的作用当作我们关于自然全体起源的判断的基础（这是绝不能容许的），但又为什么要选择像在这个行星之上的动物的理性与设计这么渺小，这么脆弱，这么有限的原则呢？我们称之为思想的，脑内的小小跳动有什么特别的权利，让我们使它成为全宇宙的轨范呢？实在是我们对自己的偏私使我们在一切情况中把它抬举出来；但是健全的哲学应该谨慎防止这种非常自然的迷妄。

斐罗接着说，我不但绝不承认自然的一部分能供给我们关于自然全体起源的正确结论，我并且不容许自然的一部分作为另一部分的法则，假如后者与前者相差太远的话。有什么合理的根据来说其他行星的居住者也具有思想、理智、理性，或者与人类这些能力相类似的东西呢？自然在这个小小地球上的作用的方式既然有如此极端复杂的变化，我们还能想象，她会在如此广漠无限的宇宙中永远摹抄她自己同一的手法吗？并且假如思想，正像我们可以这样假设的一样，只局限于这窄小的一角，并且甚至在这一角上活动范围也如此有限，我们有什么权利派它为万物的根本因呢？一个农夫以为他的家园管理制度就是治理国家的大法，这种狭隘的看法比较起来还可算是一个可以原谅的妄见。

但即使我们能确信一种类似于人类的思想与理性贯彻于全宇宙间，而且它的活动力在别处比在地球上更巨大更有威力：可是我仍不能明了，我们怎么能有任何权利从一个既经构成、排列、配置好了的世界，推演出一个尚在胚胎情形中，正趋向于结构与排列的世界。根据观察，我们知道一个成长了的动物的组织、活动及营养的一些情形；但当我们把这个观察推至于子宫内胚胎的成长时，就得要大大的小心，要是把这个观察推至于小动物在其雄亲的生殖器中的构成时，还要更大的小心。即使根据我们的有限经验，我们知道，自然具有无数的动因与原则，它们在自然每一变更她的地位与情况时不绝地表现出来。而什么样的新颖而未知的原则使自然在宇宙的构成这样新颖而未知的情况下活动，除非是极端的莽撞，我们不能作一决定。

这个伟大体系的一个极小部分，在一个极短的时间之内，被我们所发现的是极不完全：难道我们就能够以此为根据来对于体系全体的起源作一决定的判断吗？

这真是惊人的结论！石、木、砖、铁、铜，在这个时候，在这个渺小的地球上，没有人的技巧与设计，就没有秩序或配列：因此，宇宙若没有类似于人类技巧的东西，也就不能自行得到它的秩序或排列。但是自然的一部分难道可算是与它相差甚远的另一部分的法则吗？难道他是自然全体的法则吗？难道极小的一部分是宇宙的法则吗？难道在一种情况下的自然可算是与它大不相同的、在其他情况下的自然的确定的法则吗？

按照一个出名的故事[①]记载，亥厄洛问西蒙尼德斯上帝是什

① 指西塞罗（Cicero）所著《神性论》（*De Natura Deorum*，亦是对话体裁）中所述的一段故事。——译者

么，西蒙尼德斯要求想一天，后来又要求再想两天；如此连续地展期下去，始终不曾说出他对上帝的定义或描写。克里安提斯，假如我在此模仿西蒙尼德斯的谨慎的保留态度，你能责备我吗？即使我开头就回答你说，我不知道，并且感觉到这个论题超出我的能力范围太远，你能责备我吗？你尽可以随你高兴嚷着说我是怀疑主义者或揶揄者：但我既然发现人类理性在许多其他更为熟悉的论题之中的缺陷，甚至矛盾，我绝不会希望人类理性凭着其脆弱的推测，在如此崇高的、如此远离我们观察范围的论题中，能有任何的成功。由于两种对象，根据观察，是常常联结在一起的；于是根据习惯，当我看见了其中之一的存在，便能推出其他一个的存在：这个我称为根据经验推断的论证。但在现在的情形下，对象是单一的、个别的，没有并行的，也没有种类上的相似，怎样能应用这种论证，那就难于解释了。有什么人能板起庄重的面孔告诉我说，因为我们对于宇宙起源有过经验，所以知道秩序井然的宇宙必定是起源于类似于人的思想和技巧？要确立这种推论，必定要我们对于世界的起源有过经验；我们只看见过船舶和城市起源于人类的技巧与设计，那实在不足以……

斐罗用这种激动的态度发表意见，在我看来，一半是在开玩笑，一半是认真的；这时他看见克里安提斯有些不耐烦的样子，便突然间停住了。克里安提斯说，我必须指出的只是请你不要滥用名词，也不要用一般通俗的词语来破坏哲学上的推论。你知道，一般的人常常将理性与经验区分开来，即使是在仅关事实和存在方面的问题上面；虽然我们知道，理性经过正确的分析，也只是经验的一种而已。根据经验来证明宇宙起源于心，与根据经验来证明地球转动，是同样违反日常语言的。无理强辩的人尽可提出你反对我的推论的同样的反驳，来反对哥白尼的学说系统。他可能说，有没有其他的地球，你曾看见它们转动？有没有……

有啊！斐罗叫起来，打断了他的话，我们有其他的地球。月亮不是另外一个地球，我们看到它绕着它的中心转动吗？金星不是另外一个地球，我们看到它有此同样现象吗？太阳的运转不也是根据类比法对于这同一理论的证实吗？所有的行星不都是围绕着太阳旋转的地球吗？围绕木星和土星旋转的卫星，不是随伴着这两座大行星围绕着太阳旋转吗？这些类比和相似，以及其他我所未曾提起的，就是哥白尼学说系统的唯一的证明：而你有没有同类的类比来支持你的理论，那得让你自己考虑了。

他接着说，克里安提斯，实际上，现代的天文学系统已为所有的研究者所接受，并且即使在我们的初级教育中也已成为一个主要的部分，所以我们对于它所借以建立的理由不再常常去谨慎地考究了。研究在这个论题方面的初期的著作家，在今日只是一种满足好奇心的事情而已，这些作家们要对付当时强烈的偏见力量，必须从各方面来申述他们的论证，借使这些论证能够通俗，能够说服人。但是假如我们细读伽利略关于世界体系的《对话》，我们将会发现，这位有史以来最崇高的伟大天才，开头就尽他的全力来证明，通常在地球上物质的本质与天体的本质之间划分的界限是没有根据的。经院学派根据了感觉的虚妄，曾将这界限说得非常显著；以为天体的本质是不生、不灭、不变、无知觉的；而地球上物质的本质则具有恰好与此相反的一切性质。但伽利略，自月球着手，证明它与地球在它的凸出形状、未被照射时的它的自然的黑暗、它的密度、它的固体与液体的区分、他的盈亏变化、地球与月球相互的照射、它们的相互为蚀、月球表面的不平等等各方面的相似。经过列举关于所有的行星的这类的例证之后，人们因此清楚地看到，这些物体成为了经验的适当的对象；人们又看到，它们性质的相似使我们能将同一的论证与现象由其中之一推到其他的一个。

在天文学者们的这种小心谨慎的论述里面，克里安提斯，你可以看到你自己的罪状宣判；或者说你可以看出，你所从事研究的论题超出了一切人类理性与探究之上。你能说明房屋的构造与宇宙的成长有任何这样的相似点吗？你曾经看见过自然的元素第一次排列这样的情况吗？世界是曾在你的眼前构成的吗？你曾有机会看见这个现象的全部进程，从秩序的初次出现，直到秩序最后的完成吗？假如你曾经看见过的话，那么请列举你的经验，并发表你的理论。

第　三　篇

克里安提斯答道，真奇怪，最荒谬的论证，一到有天才和有创造能力的人的手里，便会具有可能性的样子！斐罗，证明地上的与天体的物质的相似对于哥白尼和他初期的弟子们是必要的；因为有些个哲学家，受了旧的天文学体系的蒙蔽，又借一些感觉上的现象为证据，否认两者间的相似，这个你难道不知道吗？但有神论者证明自然的作品与人工的作品之相似，那是不必要的；因为这其间的相似是自明而无可否认的，这个你难道不知道吗？同样的质料，相似的形式，还更用得着什么来阐明它们的原因的相似，来证实万物都是起源于神的目的与意旨吗？我必须坦白地告诉你，你的反驳与那些否认地动的哲学家们的晦涩的无端的强辩没有两样；对于你的反驳，亦当和驳斥那些强辩一样，与其用严正的论证和哲理，不如用例证、实例及事例，来加以驳斥。

因此，假设我们听到云端里有一种清晰的说话声音，其嘹亮与和谐远非人间艺术所能达到；假设这个声音在同一时刻传播到所有的国家，并且用各国自己的语言与方言向各国讲话；假设所讲出的话不但含有正确的意义和思想，并且还为一个超出人类的慈爱的存在[①]宣达一些合乎他身份的教训，那么你对于这个声音的来因还会迟疑片刻吗？你岂非势必立刻将它归之于某种设计或目的吗？不过我也清楚地知道，对于有神论系统的所有的反驳（假如它们配得上这个称呼的话），也可以用来作为对于这个推论的反驳。

你岂非也可以说，所有关于事实的结论都以经验为根据，当我们听见暗处有一种清晰的声音，便由此推知有一个人，这只是结果的相似使我们得到原因亦相似的结论；但是这个超乎寻常的声音，从它的嘹亮、传播范围以及善于适应一切语言的能力来看，与人类声音非常的不相似，我们没有理由假定它们的原因有任何相似之处。因此，你不是可以说，这一个你所不知何从而来的合理的、智慧的、和谐的讲话乃是出于偶然的风的呼啸，而非出于任何神的理性或理智吗？你可以清楚地看到这些强辩就是你自己所要说的反

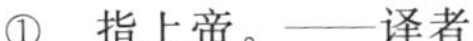

① 指上帝。——译者

驳;同时,我也希望你清楚地看出,这些强辩在这个例子中与在另一个例子[①]中同样地薄弱无力。

但为了使我们的例子更切近于我们现在所讨论的宇宙设计的例子,我要作两个不包含任何荒谬或不可能性的假设。假设有一种自然的、普遍的、固定的语言,为人类中任何一个人的共通语言;再假设书籍是自然的产物,像动物和植物一样借着嗣续与繁殖一路续存下去。我们的情绪中有几种表现包含着一种普遍的语言:所有禽兽都有一种自然的言语,虽然非常有限,却为他们自己的族类所能了解。由于最精致的文词作品比起最粗糙的有机体来,包含着远为少的组成部分和复杂性,《伊里亚特》[②]或《伊尼亚特》[③]的传播,比起任何动植物的繁殖来,是一个更容易的假设。

因此,假如你走进你的藏满了自然的书卷的图书馆,这些书中包含着最精纯的理性和最卓越的优美:你能翻开其中一本,而对于他的创始因与心灵或理智有着最显著的相似发生怀疑吗?当它推理和讨论时;当它抗争、辩论,和强调它的观点和题旨时;当它有时应用到纯理智方面,有时应用到情感方面时;当它收集、处置,并润饰对于它本身题材的一切说法时,你能坚决地断言所有这些,归根究底,实在是毫无意义的,这卷书在它原来双亲的生殖机构中开始形成时并非出自思想与设计吗?我知道,你的固执还没有达到那样顽强的程度:即使是你的怀疑主义的玩世不恭的态度,对于这样

① 指以自然的作品与人工的作品的相似来证实神的存在(或宇宙设计论)的例子。——译者

② 《伊里亚特》(*Iliad*)是希腊诗人荷马(Homer)所作的著名史诗。——译者

③ 《伊尼亚特》(*Æneid*)是罗马诗人维吉尔(Virgil)所作的著名史诗。——译者

显著的荒谬也会感到羞惭的。

斐罗，假如在这个假设的例子与宇宙的实例之间有任何的不同，那么这种差异完全是对于后者有利。解剖一只动物所得到的关于设计的许多例证，比起阅读李维或塔息德斯[①]来要有力得多：而且你对前一例子所提出的反驳，把我一直带到像世界的初创那样一个不平常而奇异的情况之中，那么，同样的反驳，亦可用之于我们自然的图书馆的假设。所以，斐罗，请你选择你的偏向吧！不要含糊或者规避：或者认为一本包含理智的书卷并不足以作为一个具备理智的原因的证明，或者承认所有自然的作品都有相似的原因。

克里安提斯接着说，让我在这里再指出：这个宗教的论证，不但未被你所十分坚持的那种怀疑主义所削弱，并且还因它而获得力量，变成更稳固，更不容争论的了。排斥所有各种的论证或推理不是矫妄，便是疯狂。每一个合理的怀疑主义者只是公开宣称反对深奥的、玄远的、精微的论证，而依附于常识和自然的明显的本能；并且承认，凡理性以如此充分的力量打动他之处，他若非以最大的粗暴，就无法维护他的怀疑主义。关于自然宗教的论证显然就是这类的论证；只有歪曲的、固执的形而上学才能反对这些论证。请你把眼睛考察一下，把它解剖一下：细察它的结构和设计，然后请告诉我，根据你自己的感觉，是不是有一个设计者的观念以一种像感觉一样的力量立即印入你的心中。最明显的结论当然是

① 李维(Livy，59B. C. －A. D. 17)、塔息德斯(Tacitus，55－117)均系罗马著名史学家。——译者

偏向于设计的；而要提出那些能够支持不信宗教的，虽是深奥然而是轻率的反驳，则需要时间、思考和研究。谁能看到了每一族类的雄性和雌性，它们的各部分与各种本能的对应，它们在生殖前与生殖后的情绪与生活的全部过程，而能不感觉到族类的繁衍是自然的意向呢？成千成万的这样的例证出现于宇宙的每一部分之中；没有任何语言能像这最后因的微妙的安排那样，表达一种易于了解又令人不得不信服的意义了。所以，一个人要是反对如此自然而如此令人信服的论证，那么他是如何地深深陷入了盲目的独断主义啊？

我们在著作里遇见的某些美，似乎违背了作文的规律，而又违反了批评的准则，违反了历来所公认的艺术大师的权威，却能深入我们的感情，激发我们的想象。假如有神论的论证，像你所认为的，是与逻辑的原则相冲突的；那么它的普遍的，不可抵抗的影响，就明白地证明可能有些论证是属于和上述著作的情形一样的不规则的性质的。不论提出什么样的强辩；一个秩序井然的世界，正像一种和谐而清楚的语言一样，仍会被看作设计与意向的不容争辩的证明。

我承认，有时候宗教的论证对于一个愚昧的野人或蛮人并没有其应有的影响；这不是因为论证深奥难懂，而是因为他对于这些论证从不曾向自己提出过任何问题。一只动物的奇妙的结构是从哪里来的？来自它的双亲的性交。它的双亲又是从哪里来的？来自它们的双亲。稍稍推远几步，就把对象放在使他陷入于黑暗与混乱的远处；他也就没有任何好奇心促使他更向前追究了。但这并不是独断主义，也不是怀疑主义，只是愚笨而已；这是与你的分析的、研究的心情大不相同的一种心灵状态，我的聪明的朋友。你能从果推因；你能将最远最玄的对象加以比较；你的大错处并不是来自思想和创造能力的贫乏，而是来自思想和创造能力的过度的丰富，致使你的自然的明智沉没于大量不必要的怀疑与反对意见之中。

赫米柏斯，这时我看见斐罗有点窘，又有点惶惑；但是正当他在犹豫地想提出答复时，幸运地，第美亚忽然插进来发言，挽回了斐罗的面子。

他说，克里安提斯，你由书本和语言方面得来的例证，因为是大家所熟悉的，所以有很大的力量，我是承认的；但就在这个情形下不也是有某种危险，这个情形使我们以为我们能够了解神，对于神的本性与属性能有一些适当的观念，不是因而使我们成为狂妄吗？我读一本书时，我进入了作者的心灵与意向里面：在一种意义下，我就暂时变成了他：并且对于他在写作时运用的想象中的各种观念有一种亲切的感觉与了解。但对于神，我们实在不能够有如此亲密的接近。神的道路不是我们的道路。神的属性是完善的，但是不可了解的。而这本自然的书卷包含一个伟大而不可解释的谜，超出任何可以了解的讨论或推理之上。

你知道，古代柏拉图学派的人在一切异教徒的哲学家中是最有宗教心的、最虔诚的；但其中有许多人，特别是柏洛丁纳斯[①]，公然宣称，理智或智力是不能归之于神的，我们对于神的最彻底的礼拜，不是尊崇、景仰、感恩或爱慕的行为，而是某种神秘的自我毁灭

① 柏洛丁纳斯(Plotinus)，埃及大哲学家。——译者

或我们的能力的全部消亡。这些观念或许是太夸张了;但将神当作如此可以了解、可以认识、与人心如此相似,我们就犯了最粗鲁最狭隘的偏私的罪过,而将我们自身作为全宇宙的模型;这一点仍然必须要承认的。

人心的一切情绪,如感恩、愤怒、爱情、友谊、赞誉、谴责、怜悯、竞争、妒忌等等皆与人的情况和处境有显著的关系,而且是用来在这样的情况下维持这样一个存在(人)的生存,促进这样一个存在(人)的活动的。所以将这样一些情绪转移到一个至高的存在上面,或者假设他会被这些情绪所支配,乃是不合理的;而且,宇宙的万象也不支持我们这样的一个理论。所有我们由感觉而得的观念显然是虚妄而幻谬的,所以不能假设它们在一个至高的理智之中有地位;而且因为内在情绪的观念,加上外在感觉的观念,构成人类智力的全部内容,我们便可以说,思想的材料在人类与神的理智之间没有任何方面的相似。再说思想的方式吧:我们如何能比较人与神的思想方式,如何能假设它们之间有任何的相似呢?我们的思想是变动的、不定的、一瞬即逝的、连续的、混杂的;如果我们除去这些情形,那我们就彻底毁坏了思想的本质,在这种情形下,再加以思想或理性这个名称,那就是名词的滥用了。当我们提到至高的存在时,假如仍然保留这些名词似乎是比较虔诚和崇敬的话(实际上是如此的),那么我们至少应该承认在这种情形下,这些名词的意义是完全不能了解的;应该承认我们本性的缺陷不容许我们得到与神性的不可名言的崇高性有些微相适应的任何观念。

第 四 篇

克里安提斯说，我觉得很奇怪，第美亚，你对于宗教如此的虔诚，居然还主张神的性质是神秘的，不可了解的，并且还坚持神与人类并无任何相同或相似之处。我能欣然承认，神具有我们所不能了解的许多力量和属性；但是假如我们的观念，就其所能及，仍然是对神的真理不正当和不合适的，与它没有相应之处，那么我不知道这个论题中还有什么值得坚持的了。难道没有任何意义的名称能有如此巨大的重要性吗？而且，你们主张神的绝对不可了解性的神秘主义者，与那些主张宇宙万物的最初因不可知和不能了解的怀疑主义者或无神论者，又有什么分别呢？如果他们在反对世界为心灵所创之后，我的意思是说，如果他们反对世界为一个类似于人（因为我不知道是否还能类似其他）的心灵所创之后，还能确定地提出任何其他特殊的、可以了解的原因，它们真是极度的鲁莽了：如果他们不肯称呼这个普遍的、不知的原因为上帝或神，不肯把许多崇高的赞美词和无意义的形容词像你那么喜好地加在他身上，那么他们的心思实在是非常谨慎的了。

第美亚答道，谁能想象克里安提斯，宁静而具有哲学性格的克里安提斯，会替他的敌手们安上绰号，来企图驳斥他们呢？竟会像目前一般顽固分子或宗教裁判官一样，采用咒骂和叫嚷，而不采用推论呢？而且，这些说法是很容易被人反击的，神人相似论者这个称谓和他用来挖苦我们的神秘主义者这个形容词一样的惹人讨厌，一样的包含着危险的后果，他难道看不出这点吗？克里安提斯，请你考虑一下，当你说神与人的心灵或智力相似时，你实在是主张了什么。人的灵魂是什么？它是各种能力、情绪、意见、观念的一种组合，诚然是结合成为一个自我或一个人，但仍然彼此各别。当它作推理时，作为它的讨论中的部分的各种观念会自己排列于一定的形式或秩序下；而这种形式或秩序并不能完整地保存片刻，却立刻又变成另外的一种排列。新的意见、新的情绪、新的情感、新的感觉起来了，它们不断地变更心灵上的情况，并且在其中制造出极大的错综性，和可能想象的最迅速的递换。这个怎能和一切真正有神论者们归诸于神的完全不变性和单纯性相容呢？他们说，他用同一行为能察知过去、现在和未来：他的爱和他的恨，他的慈悲和他的公正是同一个作用的发挥；他在空间上的每一点都是完全的存在；在持续上每一瞬的时间也是完全的存在。没有递换、没有变化、没有增加，也没有减少。他的实性中不包含差别或变异的任何影子。此刻他是什么，他过去也向来是如此，将来也永远是如此，没有任何新的判断、意见或作用。他固定在一个单纯的，完善的状态之中；你也绝对没有理由可以说，他的这个行为与他的另一行为不同，或者说，这个判断或观念是最近才形成的，并且由于渐次递换将来会让位于其他不同的判断或观念。

克里安提斯说，我可以一下子断言，那些主张至高存在具有完全单纯性——达到你所说明的那种程度的人们，乃是彻底的神秘主义者，并且要负起所有我从他们的意见中所得出的后果的责任。一句话，他们是无神论者，而不自知。因为虽然可以承认神具有我们所不了解的属性；但我们绝不应该将那种与作为他的本质的理智的性质绝对不相容的属性，归之于他。一个心灵，它的行为、意见和观念都没有差异和递换；一个心灵，它是完全单纯的，完全不变的；这个心灵就没有思想、没有理性、没有意志、没有意见、没有爱、没有恨；或者用一句话来税，就根本不是心灵。将这个称谓加给它乃是名词的滥用；这就等于说没有形状的有限的扩张，或者说没有组合的数目。

斐罗说，请想想，你目前大肆攻击的是谁。你几乎是对于那些讨论过这个论题的所有的笃实的，正统的神学者，都加以无神论者的尊号；而最后，根据你的看法，你将发现自己是世界上唯一的笃实的有神论者。但假如偶像崇拜者是无神论者，这个说法我想是很恰当的，而基督教的神学家亦同样是无神论者；那么如此著名的、由人类的普遍承认而得来的宗教论证，变成了什么样呢？

但是因为我知道你不大会受名称和权威的影响，我要把你所拥护的神人相似论的困难更清楚一点地告诉你；并且要证明，假设世界的计划是由包含着不同的观念的（这些观念且有不同的排列的）神的心灵所构成，如同一个建筑师在他的头脑中构成一所他想要建造的房子的计划一样：这个假设是没有根据的。

我认为，无论我们用理性或用经验来判断，这个假设能有什么好处是很难说的。我们还必须往上推，替这个你所认为满意的、确定的原因，找寻原因。

假如理性（我是说由先天探究中得出的抽象理性）对于一切关于因与果的问题并不同样都保持缄默；那它至少敢于下这个判断：精神的世界或观念的宇宙与物质的世界或物体的宇宙同样要求一

个原因；并且假如它有相似的排列，那就要求一个相似的原因。因为在这个论题中，有什么特殊条件使我们得出一个不同的结论或推论呢？抽象地来看，精神世界与物质世界是完全相似的；而且一个假设所遇见的困难，没有不是两个世界所共有的。

其次，我们如果强迫经验，即使对于这些超出她范围之外的论题，也要作出某种判断；她也不能在这一点上看出这两种世界有任何实质上的差异，只能发现它们受着相似的原则的支配，并且依靠着同样繁多的原因而活动。我们有这两个世界具体而微的标本。我们自己的心灵与其中之一相似：植物或动物体与其另外一个相似。所以，让经验根据这些样本下判断吧。没有比思想和它的原因的关系再精巧的了；因为这些原因从不用同样的方式在两个人身上起作用，所以我们找不出两个想法完全相同的人。同一个人也不能在任何两个不同的时期有完全相同的想法。年龄、他身体的情况、气候、食物、朋友、书籍、情绪等等的差异，其中任何一项，或其他更细微的事情，都足以改变这个奇妙的思想机构，引起它非常不同的活动或作用。就我们所能知，植物和动物体在它们的运动方面并不更为精巧，所依靠的动因和原则的安排也并不更为复杂而奇妙。

因此，对于你将那个存在的原因看作造物主，或者，按照你的神人相似论系统，把他看作是从物质的世界追溯出的一个观念的世界，我们怎样能够满意呢？我们不是有同样的理由，从那一个观念世界再追溯到另外一个观念的世界，或新的理智的原则吗？但是如果我们停住了，不再往前推；那么为什么偏偏要到这里才停住呢？为什么不在物质的世界停住呢？除非无穷地往前推，我们怎样能够满足自己呢？而在这个无穷地往前推的进程中，究竟有什么满足可说呢？让我们记起印度哲学家和他的象的故事吧。再没有比这个故事切合于目前这个论题的了。假如物质世界依存于一个相似的观念世界，那么这个观念世界必然依存于某一个另外的世界；以此类推，永无止境。所以，根本不把目光超出这个现存的物质世界倒还要好些。我们若假定这个物质世界的秩序原则包藏在它自身之中，我们就实在是断言这个原则就是上帝；并且我们达到这个神圣的存在，愈快愈好。当你超出这尘世一步，你就只是激起了一种无法满足的探究的心情。

说构成至高存在的理性的不同的观念，能由它们自己，并根据它们的本性，安排而成秩序，实在是没有任何精确意义的闲话而已。假如那样说是有意义的，我倒乐意知道，为什么不可以同样有理地说，物质世界的各部分能由它们自己，并根据它们自己的本性，安排而成秩序呢？难道前一个意见是能够了解的，而后一个意见就不能了解吗？

我们诚然经验过，观念能够没有任何**已知的**原因由自己安排成为秩序；但是，我相信，我们更多更多地经验过，物质也有这同样的情形。比方在一切生殖和发育的例子中，原因的精密的分析就超出所有人类理解力之上。我们也经验过，许多并无秩序的思想或物质的特殊系统；思想方面，如疯狂状态，物质方面，如腐朽状态。那么为什么我们要以为秩序对于思想，较之对于物质，更为根本呢？而若两者之中都需要找出秩序的原因，我们要是依照你的系统，从物体世界追溯到一个同样的观念世界，能得到什么呢？我们要是作了第一步，它就得让我们永远向前推。所以，把我们所有的研究限于目前这个世界，而不向更远处探索，在我们要算是聪明的。远超出人类智力的狭窄范围的这些思考，是永远得不到满足的。

克里安提斯，你知道，亚里士多德学派的人，当要求寻找任何现象的原因时，常常就归之于现象的能力，或神秘的性质，比方说，面包之能营养，靠它的营养的能力，山扁豆之能泻肚，靠它的泻肚的能力，但是我们已发现，这种遁词只是愚昧的遮掩而已；而且这些哲学家所说的，虽然比较不坦白些，实在与那些坦然承认他们不知道这些现象的原因的怀疑主义者或一般常人所说的，是没有两样的。同样地，当问到，在至高存在的许多观念中引起秩序的是什么样的原因时，你们神人相似论者除了说这个原因是一个理性的能力，而这就是神的性质以外，还能提出什么别的理由吗？但为什么解释这个世界的秩序时，不采用你所主张的任何像这样的理智的造物主，而提出另外一个相似的答案就不能同样的满意，那是难以决定的。另外的答案只是说，这就是物体的本性，一切物体就原来具有秩序和比例的能力。这些假定只是用更深奥的和更巧妙的方法来承认我们的无知而已；前一个假定除了更能符合一般常人的偏见之外，不会比后一个假定有任何实际优越之处。

克里安提斯答道：你非常着重地来展开这个论证，你似乎不觉得回答这个问题是多么的容易。即使在日常生活中，假如我为任何事件指出一个原因；而我并不能指出那个原因的原因，又不能回答那些可以不断地提出的每个新问题，斐罗，这难道就能算是对于我的任何反驳么？而且什么哲学家可能服从这样死板的一条规律呢？那些哲学家，他们承认最后因是完全不可知的，并且觉得，他们从现象追溯而得的最精微的原则对于他们仍是不能解释的，正如这些现象自身之对于一般常人不能解释一样。自然的秩序与排列，最后因的奇妙的安排，每一部分和每一器官的明显的用途和目的；所有这些都用最清楚的语言表示出一个理智的原因或造物主。天与地联合着给予我们同样的证明：整个自然界合唱着颂扬它的创造主的赞美歌；你一个人，或者几乎是一个人，扰乱这个普遍的谐和。你提出玄奥的怀疑、强辩以及反驳：你问我，什么是这个原因的原因？我不知道；我不在乎；那与我无关。我发现了一个神；我就在此停住我的探究。让那些更聪明、更胆大的人再往前探索吧？

斐罗答道：我既不自命聪明，亦不自命胆大；正因为如此，我也许根本不应该探索得这样远；特别是当我知道，我最后还得对于那起头就不用费更多的事，便可能使我满意的同一的答案，觉得满足。假如我对于原因仍将全无所知，又绝对不能对于任何事物加以解释，那我就不认为暂时把一个困难应付开有什么好处，这个困难，你知道，会立刻以其全力又来为难我的。博物学家用比较普遍的原因来解释特殊的结果诚然是对的；虽说这些普遍的原因到最后仍然是完全不能解释的；但他们确是从不认为，用一个并不比特殊结果自身更能解释的特殊因，来解释一个特殊的结果，会是满意的。说一个观念的系统，自己安排自己，并无一个先在的设计，比起说一个物质的系统用同样方式完成它的秩序，是同样地不能解释的；并且后一假定比起前一假定也并无更多困难。

第　五　篇

斐罗接着说，但是为了要为你指出你的神人相似论中还有更多的不合之处；请你对于你的原则作一番新的考查。相似的结果证明相似的原因。这是实验上的论证；你又说，这是唯一的神学上的论证。那么就可以确定：我们所看到的结果愈相似，我们所推出的原因也愈相似，论证也就愈加有力。两方面中任何方面的每一点差失，都会削弱可能性，并使实验减少其确定性。你不能够怀疑这个原则；你也不应该反对它的后果。

按照真正的有神论系统，天文学中所有足以证明自然作品的无限伟大和壮丽的新发现，都是关于神的存在的新添的论证；但按照你的实验有神论的假设，这些新发现，由于它们把结果与人类智巧及设计的结果弄得更远不相似，都变成为对于神的存在的反驳。因为假如卢克莱修，即使是根据旧的关于世界的理论，还能喊出：谁能控制这莫可测量的究竟，谁能以统治的力量用手操持这莫可测量的究竟的坚强的缰索？谁能同时使一切不同的天体旋转，又用神秘的火温暖一切能够生殖繁衍的地球，或者在一切时间存在于一切的地方，假如屠利将这个推论看得极为自然，以致让他的伊壁鸠鲁主义者加以述说？用什么样的心灵的洞见，你们的柏拉图看到如此伟大劳动的工场，可以说上帝在这工场中结合并造成这个世界？如此伟大的任务是怎样开始的？如此伟大的工作所用的是什么样的工具，什么样的杠杆，什么样的机器，什么样的工人？空气、火、水和泥土怎样会服从和听顺建筑师的意志？我说，假如这个论证在过去时代中具有力量的话；则当自然的范围已经无限扩大，如此宏伟的景象摆在我们面前的今天，这个论证该有何等更大的力量呢？从我们关于人类设计和创造的狭隘范围内的制造品的经验，要构成我们关于一个如此无限的原因的观念，那更是不合理的了。

由显微镜而得的发现，由于这些发现打开了一个新的细微世界，依照你的理论，仍应是对于神的存在的反驳；依照我的说法，则都是论证。我们将这类研究推得愈远，就更使我们推论出，宇宙万物的普遍因与人类，或者与人类经验和观察的任何对象，相差甚大。

而你认为解剖学、化学、植物学方面的发现又是如何？……克里安提斯答道；这些发现当然不是反驳；它们只是为智巧和设计发现了新的例证。这仍然是从无数的物体反映给我们的心灵的肖像。斐罗说，应该加上说像人的心灵。克里安提斯答道，除了像人，我不知道还会像什么别的。斐罗又强调说，并且愈像愈好。克里安提斯说，那是当然。

那么，克里安提斯，请注意这样推论的后果，斐罗用一种欢跃而得胜的神情说。第一，根据这种推论方法，你就要对于神的任何属性中含有无限性的一切主张，予以放弃。因为既然原因只应该相当于结果，而结果，就其在我们的认识范围内说，并不是无限的；那么，依照你的假设，我们如何能把无限那种属性归之于神圣的存在呢？你将仍坚持，说我们将神与人类弄得全不相像，是我们投从了那最武断的假设，同时也就削弱了关于神的存在的所有的证明。

其次，根据你的理论，你没有理由把完善性归之于神，即使就他的有限的身份而言；也没有理由假定他能在他的作为中摆脱每一个错失、谬误，或者矛盾。自然的作品中有许多不能解释的困难，假如我们承认可以先天证明其存在的一个完善的造物主，这些困难是容易解决的，只有就不能追究无限关系的人类的狭小能力而言，这些困难才俨然成为困难。但是根据你的推论方法，这些困难都变成实在的困难了；而且这些困难或许就可以强调为相似于人类技巧及设计的新例证。至少，你必须承认，从我们狭小的观点，我们是不可能说出，这个宇宙体系比起其他可能的，甚至真实的宇宙体系来，是否包含有任何巨大的错失，或值得承当任何巨大的赞美。假如把《伊尼亚特》读给一个从未看过任何其他作品的农夫听，他能说那诗篇绝对完善无缺，甚或能为它在人类智慧的创作品中排定它的适当的地位吗？

但是假如这个世界确是十分完善的一个创造品，这个作品的所有的优点能否正当地归之于工匠，必然也还不能决定。假如我们考查一只船，对于那个制造如此复杂、有用，而美观的船的木匠的智巧，必然会有何等赞叹的意思？而当我们发现他原来只是一个愚笨的工匠，只是模仿其他工匠，照抄一种技术，而这种技术在长时期之内，经过许多的试验、错误、纠正、研究和争辩，逐渐才被改进的，我们必然又会何等惊异？在这个世界构成之前，可能有许多的世界在永恒之中经过了缀补和修改；耗费了许多劳力；做过了许多没有结果的试验；而在无限的年代里，世界构成的技术缓慢而不断地在进步。在这种论题上，可以提出的假设太多，而可以想象的假设则更多，谁能在其间决定真理是在那里；不，谁能在其间揣测可能性是在那里呢？

斐罗接着说，你从你的假设，又怎样能提出些微的论证来证明神的统一性呢？很多的人可以合作来造一所房子，或一只船、筑一座城、组织一个国家，为什么不可以有几个神联合来设计和构造一个世界呢？这才与人类事务更为相似。在几个神合作的工作中，我们可以把每个神的属性作很大的限制，并且可以将那必须假定一个神所具有的无限的力量和知识撇掉，按照你的说法，这种无限的力量和知识只能削弱对于神的存在的证明。并且，假如像人这样愚笨这样邪恶的生物还常常能够合作来制订并执行一个计划，那么那些可能假定为比人完善几倍的神或魔鬼不是更能够这样做么？

增加不必要的原因诚然是违背真正的哲学的，但这个原则不适用于目前的情形。假如你的理论在前面已经证明一个具有构造宇宙所需的一切属性的神；我承认，假设任何其他的神存在就是多余的了(虽然这种假设并不荒谬)。但是所有这些属性是统一于一个主宰之中，还是分散于几个独立的存在之中，当这点仍然是个问题时，根据自然中的什么现象，我们能够解决这个争辩呢？我们看见物体在天平的一端上被抬起来，我们就断定在天平的另一端，虽然看不见，有某种等于这个物体的平衡的重量：但是那个重量是几个不同的物体的堆积，还是一块完整的质料，那就仍然是可以怀疑的。假如那所必需的重量超过任何我们所曾见过的单个物体所能容纳的东西，那么若干不同物体的堆积那个假定就变成更可能、更自然了。具有产生宇宙所必需的如此大的力量和能力的一个理智的存在，或者用古代哲学的语言，如此不可思议的一个动物，他是超出一切的类比，甚至了解之上的。

但让我们更进一步，克里安提斯；人类是有死的，并借生殖来更新他们的族类；这是一切生物所共有的情况。密尔顿说，雌雄两大性使世界有了生命。为什么如此普遍，如此根本的条件，必须被排除于那无数的有限的众神之外？那么请注意古代的神统纪又来了。

为什么不做一个彻底的神人相似论者呢？为什么不承认神或众神是有肉体的，也有眼、鼻、口、耳等等呢？伊壁鸠鲁说过，除了在人的形体中，没有人曾看见过理性；因此，神们必定具有人形。而这个曾经西塞罗正当地加以极度讥刺的论证，依照你的说法，又变成可靠的和合乎哲学的论证了。

克里安提斯，总之，遵循你的假设的人，或许能够主张或揣想宇宙是起源于类似于设计的东西的，但超出这点之外，他就没法肯定任何一个情况，此后他只好任其幻想与假设所至，去创立他的神学中的每一论点了。就他所知道的，这个世界，比起一个高的标准来，是非常错失，非常不完全的；这个世界只是某个幼稚的神的初次的尝试作品，后来他抛弃了它，并对于他的恶劣的工作感到羞愧；它只是某个不独立的，低级的神的作品；对于较高级的神，它是嘲笑的对象：它是某个老迈的神的衰朽期的作品；自从他死了之后，它就依靠着它从神取得的起始的冲动和动力，往前乱撞乱碰。……第美亚，你对于这些奇异的假设表示骇惧是对的；但这些，以及成千个更多的同类假设，都是克里安提斯的假设，不是我的。自从假定神的属性是有限的那时候起，这一切假设就都产生了。至于我，我并不认为如此荒唐而不定的一个神学系统，会在任何方面比根本没有什么系统好些。

克里安提斯叫道，我绝对否认这些假设，不过它们并没有使我感到骇惧；特别是因为你以随随便便的态度将它们提出来的。相反地，它们倒给我以愉快，当我看出，即使在你恣意滥用你的想象的时候，你并未能躲避掉宇宙设计的假设；却在每一步上，都必须用到这个假设。对于这个让步，我要牢牢地把握住；我认为这个就是宗教的充足的基础。

第　六　篇

第美亚说，能够建筑在如此动摇不定的基础上的一定只是一个薄弱的结构。当我们还不能确定，是一神还是多神；我们所赖以生存的这一神或多神是完善的还是不完善的，是从属的还是至高无上的，是死的还是活的；我们怎能信赖和信任他们呢？怎能对他们崇奉和礼拜呢？怎能对他们尊敬和服从呢？对于人生所有的目的，宗教理论变得完全无用了；并且即使对于推理的后果，照你所说的那种宗教理论的不稳定性，也必定会将宗教理论弄得全部动摇而不妥当了。

斐罗说，为要使宗教理论还更不妥当起见，我还想到另外一个假设，根据克里安提斯所异常坚持的推论方法，这个假设必定会显得有一种可能成立的样子。相似的结果出自相似的原因：他将这个原则假设为一切宗教的基础。可是还有另外一个与此同类的原则，同样的可靠，并且是根据同样的经验来源推得的；就是，根据观察，几个已知的情况是相似的，那么，可以推出，未知的情况也是相似的。比方，假如我们看见一个人身的肢体，我们便推知，这人身也有一个人头，虽然是被遮住了，我们看不见它。比方，我们从墙的裂缝中看见太阳的一小部分，我们便推知，假若移开这座墙，我们必会看见太阳的全体。总之，这种推论的方法又明白又亲切，对于它的确定性是不容怀疑的。

现在假若我们考查宇宙，就它在我们知识范围之内而说，它与一只动物或一个有机体有极大的相似，并且受着一个相似的生命和运动的原则的推动。物质在宇宙中不断的循环而不会弄乱秩序；每一部分的不断的消耗马上又被补足；最亲密的结合情形贯彻于全宇宙体系之中；每一个部分或肢体，在执行它的适当职务中，为了保存自己以及保存全宇宙而活动。所以我推断世界是一只动物，而神是世界的灵魂，他推动世界，又被世界所推动。

克里安提斯，以你的博学，当然不会对于这个看法有所惊讶，你知道，几乎所有古代的有神论者都持这个主张，而且主要地用在他们的论辩和推论之中。因为虽然有时候古代哲学家根据最后因来作推论，就像是他们认为世界是上帝的作品；但他们所更赞成的概念却是将世界看作上帝的身体，世界的有机结构使世界能为上帝所用。并且必须承认，既然宇宙与人体的相似，超过于它与人类技巧与设计的作品的相似；假如我们有限的类比能够正当地推广到全自然，那么，这个推论偏向于古代理论比偏向于现代理论似乎要更合适一些。

在前一理论之中，也还有许多其他的好处使这个推论为古代神学家所取。有心灵而无身体，只是一个精神的本体，既不在感觉又不在理解力的范围之内，搜遍了全自然也不能为他找出一个例证来——这样的概念，因其最是违反普通经验，所以也最是违反古代神学家的一切概念。心灵和身体是他们所知道的，因为两者他们都能感觉得到；同样情形，心身二者之中的秩序、安排、结构，或内部的机构，他们也是知道的；从这种经验推到宇宙，并假设神的心和身也是并存的，神的心和身之中原来就自然地含有与心身不能分离的秩序和安排，这在他们看来似乎只是很合理的。

所以这是一种新的神人相似论，而且似乎是一种并无太多困难的理论，克里安提斯，你对于它可以加以研究。以你这样地远超出于系统的偏见，一定不会以为假设一个动物体或是本来，或是由于自己，或是由于未知的原因，而具有秩序及组织，比之假设心灵也具有与此相同的秩序，是有更多的困难的。应该认为，身体与心灵应该永远连在一起的这种通俗的偏见不应全部加以忽略的；因为这个通俗的偏见是以通俗的经验做根据的，而通俗的经验则是在所有这些神学上的讨论中，你认为要遵循的唯一指导原则。而且，假如你认为，以我们的有限的经验，来判断无限的自然，是一个不相称的标准；那你就全部放弃了你自己的假设，而因此必须接受你所称为的我们的神秘主义，并且承认神性的绝对不可了解性了。

克里安提斯答道，我承认这个理论虽然是个颇为自然的理论，我以前却从来没有想到过；在这样短促的考究和思索的情况下，我对它不能立即发表任何意见。斐罗说，你真是非常小心；要是我推究你的任何理论体系，在我对它提出反驳和质难时，我还没有像你这样

一半的小心和谨慎。不过,你要是想到一些什么意见的话,请你告诉我们。

克里安提斯答道,那么,在我看,即使这世界在许多情形方面确是像一个动物体,但在另外许多情形中,这种比拟却也是有缺点的,至关重要的如:没有感觉器官,没有思想或理性的机构;没有一个运动和活动的确切的起源。总之,世界似乎是同植物,比起同动物来,有更大的相似;而你的推论所主张的世界的灵魂因此就有问题了。

而其次,你的理论似乎含有世界是永恒的意思;我想,这个原则是最强有力的理性和可能性所可能驳斥的。为了这个目的我将要提出一个论证,这个论证,我相信,是以往任何著作家所没有主张过的。那些根据艺术和科学的起源较后作推论的人,虽然他们的推论不无力量,或许可以从人类社会性质的研究方面加以驳斥,人类社会的性质是在愚昧与知识、自由与奴役、富庶与贫穷之间的一种不断的变革;因此我们不可能根据我们有限的经验来确实预测什么事件会不会发生。野蛮民族侵入之后,古代的学问和历史似乎曾经有过全部消灭的大危险;而且假如这些变乱再延长一些时候,或者再凶一点,我们对于我们之前几世纪的世界上发生过什么事情,可能现在就会不知道。而且,要不是因为教皇们的迷信,为了保持一个古代的普遍的教会的外表,保存了一些拉丁文字,那么拉丁文也必定完全消灭的了,在这种情形下,完全野蛮化了的西方世界将会一点不适宜于接受希腊文字和学问了,希腊文字和学问是在劫掠君士坦丁堡之后传给他们的。设若学问和书籍都已经消灭了,即使是机械的技术也会大大地陷于衰落的;那么我们可以

很容易设想，寓言或者传统所认为的学问和书籍的起源可能迟于它们的真正起源。所以这个反对世界有永恒性的通俗的论证似乎不足凭信。

但在这里似乎就有了一个更好的论证的基础。卢古鲁斯是将樱桃树自亚洲带到欧洲的第一人；虽然这种树现在在欧洲许多地区非常繁盛，甚至用不着栽培，就在树林里生长起来。然而，在整个的永恒时间中，若从来没有一个欧洲人到过亚洲，并想到把这么鲜美的果子移植到他自己的国土，这事情是可能的吗？或者，樱桃树一旦移植并繁衍了，后来又怎么能够消灭呢？国家可以有兴亡；自由制度和奴隶制度可以交互相继出现；愚昧与知识可以彼此交替；但是樱桃树仍将存在于希腊、西班牙、和意大利的树林中，永远不受人类社会变革的影响。

葡萄移植到法国还不到两千年；虽然法国有在世界上最有利于葡萄的气候。美洲知道有马、牛、羊、猪、谷子，还不到三百年。然而，在整个永恒时间内的许多变革之间，若从没有一个哥伦布出来开辟欧洲与美洲间的交通，这些事情会是可能的吗？我们还不是同样有理由可以设想，人类穿袜子穿了一万年，但从没有想到用袜带来系住袜子。所有这些都似乎极足以证明世界是年轻的甚或是幼稚的；因为这些证明所依据的发生作用的原则，比起控制并指导人类社会的原则，更为稳定而可靠。起码需要一个物质的全部激变才会把现存于西方世界中的一切欧洲动植物全部毁灭。

斐罗答道，你有什么论证否定这样的激变呢？在全地球都可找到强有力而几乎不容争辩的证据，来证明这地球的每一部分都曾完全淹没在水中许多许多的年代。虽然秩序是被认为与物质不可分开，并且就附着在物质之内的；但物质在永恒持续的无穷时期之中，仍然容许有许多巨大的变革。物质的每部分所经历的不断的变化，似乎暗示着这类总的变动的可能性；虽然在同时，我们可以看到，所有这些我们曾经验过的变化与毁坏，只是从一种状态到另一种状态的过渡；而且，物质也并不能永久停留在全部解体及紊乱状态中的。我们在部分中所见，可以推而至于全体；至少，这是你的全部理论所根据的推论的方法。假如我必须要为这种性质的任何一个理论体系作防护的话（这是我绝不愿意做的），我认为把世界看作一个永恒的内在的秩序的原则是再合理没有的了；虽然这个秩序也有巨大的不断的变革和交替。这样就立刻解决了一切的困难；如果说这个解决办法，因其过于普遍，不是十分完善和妥当的，但它至少是我们迟早要采用的一个理论，无论我们主张什么理论体系。假如在思想或物质之中，没有一个原始的，内在的秩序的原则，万物怎能会是这个情形呢？而这个秩序的原则是不受我们偏于思想秩序或偏于物质秩序的理论的任何影响的。无论是根据怀疑主义的或是根据宗教的假设，偶然性总是没有地位的。每一事物都实在是受着稳定而不变的法则的管制。假如事物的最内层的本质能够展现在我们的眼前，我们必能发现一种我们现在毫无所知的情况。我们会不再赞美自然的存在的秩序，而清楚地看出，即使在最细微的末节上，它们要采用其他任何的安排也是绝对不可能的。

假如有人想要重提古代异教徒的神学，根据希西阿告诉我们的，这种神学主张这个地球是被三万个来自不知的自然力的神众所管制的，克里安提斯，你当然要提出反对，认为这个假定毫无用处，并且认为同样也可以假定所有的人类和动物，这些更多的，但较不完善的存在，都直接出于一个相同的原因。将这同一的推论再推远一步；你就可以发现认为由众神组成的团体之说，同认为只有一个本身就具有整个团体的权力与完善性的普遍的神的说法，同样都可以说得通。所以，根据你的原则，你必须承认，所有这些怀疑主义、多神论以及一神论等等系统都有同等的地位，其中没有一个系统能够胜过其他的系统。你由此可以知道你的原则的谬误了。

第　七　篇

斐罗接着说，但在考察古代关于世界的灵魂的理论系统之中，我在这里忽然发现一个新的观念，这个新观念，假如是对的话，必然几乎会推翻你所有的推理，甚至会摧毁你所非常信赖的起始的推论。假如宇宙与动物体及植物，比起与人类技巧的作品来，有更大的相似，那么宇宙的原因与前者的原因，比起与后者的原因来，一定更可能有更大的相似，并且宇宙的原因与其是归之于理性或设计，不如是归之于生殖或生长。所以你的结论，即使是根据你自己的原则，也是有缺陷而跛瘫的。

第美亚说，请将这个论证进一步展开一些。因为我在你表达它所用的简括方式中，没有正确地了解它。

斐罗答道，你听见过，我们的朋友克里安提斯认为，既然关于事实的问题没有不靠经验而能证明的，所以关于神的存在，除了采用这个办法也不能用其他的方法证明。他说，这个世界与人类机巧的作品相似：因此世界的原因也必须与人类机巧的作品的原因相似。这里我们可以注意，自然的非常微小的一部分（即是人）对于另一微小的部分（即是在人所能达到的领域之内的无生命物质）的作用，就是克里安提斯所借以决定全自然的起因的准则；而且他用这个同一的个别标准去衡量非常不相称的对象。由这论题所引出的反驳暂且不提；我可断定，宇宙的其他部分（人类发明的机器除外）还有与世界的结构更为相似的，因此可以提供出关于这个自然体系的普遍起因的一个更好的揣测。这些其他部分就是动物和植物。这个世界与一只动物或一株植物，比起一只表或一架纺织机来，显然更为相似。所以，世界的原因，更可能与前者的原因相似。前者的原因就是生殖或生长。所以世界的原因，我们可以推想是相似或相类于生殖或生长的某种事物。

第美亚说，但是说世界起源于相似于生殖或生长的任何事物，怎样能设想呢？

非常容易，斐罗答道。正像树将它的种子散播于邻近的田野，又生出其他的树一样；这株巨大的植物，就是这个世界，或者这个太阳系，在它自身中生出种子，种子散播在周遭的混沌太空中，然后生长成为新的世界。比方，彗星就是一个世界种子；它在充分成熟之后，在太阳与太阳，星与星之间往来流动，最后便投入了围绕着这个宇宙的混沌太空之中，立即生长为一新的世界体系。

或者，假若为了变换说法起见（因为我看不出有其他的好处），我们假设这个世界是一只动物；彗星算是这只动物的蛋；正像一只鸵鸟在沙地上生了蛋，它用不着任何更多的照顾，只要孵蛋，就生出一只新的动物；同样地……

第美亚说：我懂得了，但这些是多么荒唐而武断的假设？根据什么材料你得到如此反常的结论？世界与植物或动物细微的、想象的相似，就足以对于二者建立相同的推论吗？这两种对象一般地证实在是大不相同；我们岂可用它们互作标准吗？

对，斐罗叫道：这正是我一向所坚持的论点。我并且还说过，我们并没有材料来建立任何宇宙构成论的体系。我们的经验，它自身如此的不完全，范围和持续两方面又如此的有限，不能为我们对于万物的起源提供可能的揣测。但如果我们必须固执于某种假定之上，请问，我们应该根据什么准则来作我们的抉择呢？除了由将对象加以比较而得的更大相似之外，还有任何其他的准则吗？由生长或生殖而成的植物或动物，比起由理性和设计而成的任何人造的机器来，不是和这个世界有更大的相似吗？

第美亚说，但是你所谈的这个生长和生殖是什么呢？你能说明它们的作用，并分析它们所依存的精微的内在的结构吗？

斐罗答道，至少能像克里安提斯说明理性的作用，或分析理性所依存的内在结构一样。但是当我看见一只动物时，用不着精密的研究，我就可以推定，它是由生殖而来的；而在作这个推断时，正像你推知一所房屋是由设计而造成的一样，具有同样大的把握。生殖、理性、这些字样只表明自然中的某种力量或能力，它们的结果是知道的，但它们的本质是不可了解的；这些原则中的一个原则，不会比另外一个原则，更有特权来作为自然全体的标准。

第美亚，实际上，我们可以合理地推料，我们对于事物的看法愈宽广，这种看法就愈能指导我们对于如此超乎寻常又如此宏伟的论题下结论。单在世界的这个小小角落里，就有理性、本能、生殖、生长四个原则，它们彼此相似，并且是相似的结果的原因。假若我们能逐个星座，逐个星系作一旅行，以便对于这个伟大的结构的每一部分加以考察，那么在这无限宽大、无限变化的宇宙中，我们可以当然假定的其他原则该有如何之多呢？上述四个原则（以及我们可以揣测的成百的其他原则）中的任何一个，都可为我们提供一个决定世界起源的理论；将我们的观念完全限制于我们的心灵所借以活动的那个原则，是一个显然的非常的偏私。假如这个原则因此而是更容易了解的，那么这样的偏私或者还可原谅；但是理性，在它的内部结构和组织方面，对于我们，是和本能或生长一样不能了解的；或许自然这个含糊不定的、一般人将各种事物都归之于它的名词，归根究底来说，并不更为难于解释一些。这些原则的结果我们从经验中都知道的；但是原则自身，以及它们作用的方式，是全然不知道的。说世界是由另一世界所播的种子生长而成，和说世界是由一个神的理性或设计（按照克里安提斯所了解的意义）而成，是同样可以了解，同样符合于经验的。

第美亚说，但是照我看，假如世界具有生长的性质，并能将种子散播于无限的混沌太空之中，那么这种能力对于造物主的设计仍然是一个新添的论证而已。因为除了从设计而来之外，这样奇异的一种能力能来自何处呢？或者，秩序怎能起自一种对于自己所安排的秩序并无所知的东西呢？

斐罗答道，你只须看看周遭情形，就可以自己回答这个问题了。一株树为着给由它生长出来的树安排秩序与组织，而并不知道秩序;同样地,一只动物,对于它的子嗣;一只鸟,对于它的巢,也是如此。这类的例证,在这个世界上,甚至比起自理性和设计而成的秩序的例证,更为常见。说动物和植物中所有这个秩序最后都出自设计,乃是一种假定未决问题为论据的论法;这一个大论点只能以先天论法加以肯定,先天地肯定,秩序,由于它的本性是与思想不能分开的,又肯定秩序,由于它自身,或根据原始的未知的原则,是绝不能属于物质的。

而且,第美亚;你提出的这个反驳,克里安提斯如果不放弃他针对我的一个反驳所曾作的维护,则是绝不能采用的。当我探究他所借以解决一切问题的至高理性与理智的原因时;他告诉我,满足这样的探究的不可能性,绝不足以视为任何种哲学中的一个反驳。他说,我们必须停止在某处;在人类能力的范围之内永远不能解释最后因,或说明任何对象的最后的关联。假若我们所采取的步骤都为经验和观察所支持,那就足够了。那么,生长和生殖,与理性一样,都由经验得知是自然中的秩序的原则,这是无可否认的。如果我把我的宇宙构成论依据于前者,而不依据于后者,那是我的选择自由。这件事情似乎全部是任意决定的。当克里安提斯问我,我的伟大的生长或生殖能力的原因是什么之时,我就有同样的资格反问他,他的伟大的理性原则的原因是什么。这些问题,我们同意双方都不提起;而在目前他的主要利益就在于遵守这个协定。以我们有限而不完全的经验来判断,生殖是略胜于理性的:因为我们每天看见后者自前者而出,不是前者自后者而出。

我请求你,对于两方面的结果加以比较。我说,这个世界像一只动物,因此它就是一只动物,因此它就由生殖而成。我承认,这

些步骤是宽阔的；但每一步都有一些类比情况。克里安提斯说，世界像一架机器，因此就是一架机器，因此它就由设计而成。这里的步骤是同样的宽阔，但其间的类比是比较不显著了。假如他将我的假设推远一步，而从我所主张的伟大的生殖原则中推出设计或理性；那我有更好的理由，使用这同样的自由，将他的假设推远一步，而从他的理性原则中推出神的生殖或神谱。我至少有一些模糊的经验，在目前这个论题上，这一些经验已经是我们所能凭借的最高限度了。根据观察，理性在无数例证之中都是出自生殖的原则，而不是出自其他任何的原则。

希西阿，以及所有古代的神话学家，深信这种类比，所以他们从动物的生产和交媾来普遍地解释自然的起源。柏拉图，就他可以为人们了解的范围而言，在他的《帝米斯》一书中似乎也采用了一些这样的观念。

婆罗门教徒认为，世界起源于一个无限大的蜘蛛，他织成从他的肠内出来的这一整个复杂的庞然大块，后来又再将它吞下去，并把它变成为他自己的本质，而消灭它的全部或任何的部分。这也是一种宇宙构成论，在我们看来是可笑的；因为蜘蛛是一种渺小鄙贱的动物，我们绝不会把他的活动视为全宇宙的轨范。但这究竟是一种新的比喻，即使是在我们的地球上。假如有一个行星上面完全居住着蜘蛛（这是非常可能的），那么这个推论之自然而无可争论，就像在我们这行星上将万物起源归于设计和理智（像克里安提斯所解释的）一样。为什么一个秩序井然的系统不能像出于脑中一样地从腹中织出，要他提出一个令人满意的理由是困难的。

克里安提斯答道，我必须承认，斐罗，在世界上一切人中间，你所做的提出疑难和反驳的工作，对于你最是合适，并且对你就像是自然而不可避免的。你的丰富的创发能力是如此之大，使我不耻于承认，我不能立刻有条理地解决你所不断地向我提出的如此出乎常规的困难，虽然我笼统地明白知道这些困难的乖谬和错误。并且我毫不怀疑你自己在目前也处于相同的境地，也没有像反驳那样现成的解答；同时你也一定知道，常识和理性全都在反对你，你所发表的这些狂论可以使我们迷惑，却不能使我们折服。

第八篇

斐罗答道，你所归之于我的丰富的创发力者，实在完全是由于这个论题的性质而来。在适合于人类理性的狭小范围的论题中，通常只有一个具有可能性或可靠性的决定；对于具有健全判断力的人，除了这个决定之外，所有其他的假设都完全是荒诞不经的。但在目前这样的问题上，成百个相矛盾的观点都能保持一种不完全的类似；创发力在其间便能充分地运用。我相信不用费多大的思索，我便能立刻提出其他各种系统的宇宙构成论，并且都可以有些真实外貌的；虽然或者你的系统是真的，或者我的任何一个系统是真的，都只有千分之一，或百万分之一的可能性。

比方说，假如我重新提出陈旧的伊壁鸠鲁的假设，将会怎样呢？这个假设一般都正确地认为，我也相信，是所有人们提出的系统中最荒谬的系统；不过，假若稍加一些变动，我就不知道这个假设是否也就会变成俨然是可能的了。不像伊壁鸠鲁一样假设物质是无限的，让我们假设物质是有限的。有限数目的物质微粒只容许有限的位置变动；在整个永恒的时间中，每一可能的秩序或位置必然经过了无数次的试验。所以，这个世界，以及世上所有的事物，即使是最微小的事物，曾经有成有毁，将来还是有成有毁，永无限制与止境。没有一个曾将有限的力量与无限的力量加以比较而得一概念的人，会对这个决定怀疑的。

第美亚说，但这得假设物质不用任何主动者或起首的推动者，就能有运动。

斐罗答道，那个假设有什么困难呢？每一事件，在没有经验过时，都同样地困难而不可了解；每一事件，在经验过之后，都同样地平易而可了解。在许多例证中，由于重力，由于弹力，由于电力的运动都起自物质，并没有已知的任何主动者；而在这些情形下常常假设的一个不知的主动者，只是假设而已；并且是不带着任何好处的假设。运动起自物质自身，与运动来自心灵和理智，是先天地同样可以设想的。

此外，运动为什么不可以在整个永恒中以冲动而传播，运动的总量为什么不可以在宇宙中永远保持一样的多少，或者近乎一样的多少？因运动的组成而损耗的，会因运动的消失而补足。并且不管是什么样的原因，事实是这样的，即是，就人类经验或传统所及，物质总在继续的骚动。在全宇宙中，可能目前就没有一颗物质微粒是绝对静止的。

斐罗继续说，我们在辩论过程中所偶然遭遇的这个考虑，也提供一个并非绝对荒谬和不可能的宇宙构成论的新假设。有没有一个事物的系统、秩序、法则，物质能借以保持永恒的骚动（这种骚动似乎是物质的本质），而仍能保持物质所造成的形式的常住性？的确有这样的一个法则：因为这就是目前这个世界的实况。所以物质继续不断的运动，在少于无限的位置变动时就必定会造成这个法则或秩序；而那个秩序一旦建立后，根据它的本性，就会维持自己到许多年代，假如不是到永恒的话。但是假若物质经过平衡、安排和配置以至能继续永远的运动而仍保持形式的常住，那么物质的情况就必须与我们现在所见到的技巧及设计的外貌完全一样。每一形式的各部分彼此之间必定有关系，与全体也必定有关系：全体的自身必定与宇宙其他部分有关系；与形式所存于其中的元素也有关系；与形式所借以弥补损耗和腐败的质料也有关系；与所有其他的敌对或友好的形式也有关系。这些项目中任何一项有缺陷就要毁坏形式；形式所借以组成的物质也就解体，而投入不规则的运动和骚乱，一直等到它将自己统一成某种另外的有规则的形式为止。假如没有有规则的形式准备来接纳它，假如宇宙之中有大量的这种败坏的物质，那么这个宇宙自身也就全部失去了秩序；不管这个如此毁坏了的宇宙是太初世界的稚弱的胚胎，还是在年迈和衰萎中的世界的腐朽躯体。在这两种情形的任一情形下，跟着总是一团混沌；一直到虽无数而有限的变革最后造成一些形式，这些形式的各部分与器官的安排足以在物质不断的变化中支持形式存在为止。

假设（因为我们要来变换一下表达方式），物质被一个盲目的、没有定向的力量随便投入一种状态；那么显然的，这个第一次的状态多半必然是极紊乱、极无秩序的，与人类设计的作品丝毫没有相

似之处，人类设计的作品除了其中各部分的相称，还表现出一种手段对于目的的配合和自我保存的倾向。假如这个推动力在这次活动之后就停止了，物质必须永远是在无秩序之中，并保持一种极度的混沌，并无任何平衡对称或活动。但是假定这个推动力，不管它是什么，继续存在于物质之中，那么这个第一次的状态会立即过渡到第二次的状态，而这第二次的状态又极可能是与第一次的状态一样没有秩序，这样下去，经过许多连续的变化和变革。没有一个特殊的秩序或状态会片刻地持续不变。原始的动力，仍然在活动之中，给予物质以永远的骚动。每一个可能的状态产生出来，立即又被毁坏了。假如秩序片刻透露了，推动物质的各个部分的永远不停的力量马上就把这个秩序驱走，把它搗乱。

这样，宇宙是在一种混沌和无秩序的不断的连续变化之中经历了许多年代。但是难道它不能在最后得到稳定，既不丧失它的运动和动力（因为我们假设动力是包含在它里面的），而又能在它各部分的不断运动和变迁之中保持外表的一致吗？这个我们知道就是目前的这个宇宙的情形。每一个体，每一个体的每一部分都永远在变，但全体在外表上总是保持原样。我们不是可以在没有定向的物质的永恒变革之中，希望甚至相信物质有这样的一个状态吗？而这个不就可以解释所有呈现于宇宙中的智慧与设计吗？让我们对于这个论题稍加审究，我们就可发现，假如物质能够得到这个形式的外表稳定的安排，而各部分实际是在永远的变革或运动中，那么这种安排对于我们这个论题的困难就提供出一个可以赞许的（如果不是真正的）解答。

所以，坚执于动物或植物中各部分的作用，以及各部分之间彼此微妙的配合,那是徒然的。我倒喜欢知道,一只动物,倘若它的各部分不是像这样的配合,如何能够生存呢?我们不是看到,当这种配合作用一旦停止了,它就立即死亡,而它的腐朽的物质就企图取得新的形式吗?世界的各部分确是配合得非常灵活,某种有规则的新形式就会立刻争取这个腐朽的物质;设若不是如此的话,世界能生存吗?它岂不是也必定要像动物一样解体而经历新的状态和新的情况,一直到它在一个巨大而有限的变化连续之中最后成为目前这个或像这个的秩序为止吗?

克里安提斯答道,好在,你告诉我们,这个假设是在辩论过程中仓促提出来的。假若你有空闲对它加以考查,你就会很快看出它会遭到不可超脱的反驳。你说,没有一个形式能够存在,除非它具有为它的存在所必需的力量和器官;某种新的秩序或法则必须经过不断的试验、又试验;直到最后碰上某种能够自持自存的秩序形成为止。但是根据这个假设,人类和一切动物所具有的许多便利条件是从何而来的呢?两只眼、两只耳、对于族类的生存并不是绝对必要的。没有马、狗、牛、羊,以及那无数使我们惬意和享受的果子和作物,人类还是可能繁衍和生存。假若在非洲或阿拉伯沙漠之中,没有生长为人使用的骆驼,世界会解体吗?假如没有磁石制成奇妙而有用的指南针,人类社会和人类会立刻消灭吗?自然的准则虽然一般地说是很偏于节约的,但这一类的例证却绝非罕见;而其中任何一个例证都足以作为设计——一个仁慈的设计的充分证明,这个设计为宇宙带来了秩序与安排。

斐罗说,至少,你可以安全地推断,前面所述的假设是不完全和不完善的;这点,我是毫不迟疑地承认的。但我们在这种性质的

尝试中，能合理地盼望得到什么更大的成就么？或者，我们能盼望建立一套宇宙构成论，它不容有任何例外，同时也与我们对于自然的类比的有限而不完全的经验没有任何冲突么？就是你的理论也不能有任何这种优越性；虽然你逃入了神人相似论之中，比较更能够符合于普通的经验。让我们再把你的理论考究一下。在一切我们见过的例证之中，观念是从实在的物体摹抄而来让我用学术语来说，观念是模型，而不是原型。你却逆转这个次序，把思想放在前面。在一切我们见过的例证之中，思想对于物质没有任何影响，除非物质与思想联结在一起，以致对于思想有一种相等的交互影响。任何一只动物，除了它自己的肢体以外，不能直接运动任何东西；而作用与反作用的相等确实似乎是一个普遍的自然律；但是你的理论包含着对于这种经验的矛盾。这些例证，以及更多的、很容易收集的例证（特别是假设一个心灵，或者一个永恒的思想系统，换言之，即一只不生不灭的动物），这些例证，我说，可以教训我们大家对于我们彼此间的责备要很审慎，并且让我们知道，没有一个系统因为些微的相似就应被接受，也没有一个系统因为些微的不合就应被摈弃。因为我们能够公平地说，这种些微的不合是任何人所难免的一个困难。

大家承认，一切宗教系统都有巨大的、不能克服的困难。每一个争论者都在轮到自己说话时占胜；那时候，他展开攻势战，揭发他的敌手的荒谬、蛮横和有害的教条。但就全体说，他们大家都为着怀疑主义者准备下一个完全的胜利；怀疑主义者告诉他们，对于这样的论题，绝不应该采纳任何系统，理由是很明显的，对于任何论题都不应该同意任何荒谬之说。对于判断的全部悬疑是我们唯一的合理办法。假如通常所见的每一个攻击都是成功的，而神学家们之间没有一个防卫是成功的，则凡是永远采取攻势，反对所有的人[①]而自己又没有在任何情形下所必须防守的固定地位或居住城堡的人，他的胜利必然是如何完全的呢？

第　九　篇

第美亚说，但假如后天的论证有这么多的困难，那么我们还是守住那简单而崇高的先天的论证，这种论证，因其能给予我们绝无谬误的理证，可以一下子除去一切怀疑与困难，不是更好吗？用这个论证，我们也可以证明神性的“无限性”，这种无限性，恐怕不是能根据其他任何论点所能确实肯定的。因为一个有限的结果，或者就我们所知，一个可能是有限的结果；一个这样的结果，我说，怎能证明一个无限的原因呢？还有，神性的统一性，即使不是绝对不可能从对于自然的作品的审察而推得，至少是非常困难；而且单是计划的统一性，即使是被承认了，也不能为我们对于那种属性作任何保证，而先天的论证则……

克里安提斯插进来说，第美亚，你的推理，似乎以为这个抽象的论证中的那些优越性与便利条件就是这个论证的确实性的充分

① 此处原文为 with all mankind，但休谟原意大概是指 against all mankind；可参照休谟著《宗教的自然历史》的结语。

证明。但照我的意见，第一步应该决定你所采用的究竟是这种性质的论证的哪一种；然后我们再从论证自身，而不从它的有用的后果，来设法决定我们所应给予它的评价。

第美亚答道，我所要主张的论证是那个普通的论证。任何存在必须有一个它存在的原因或理由；任何事物都绝对不可能自己产生自己，或自己就是自己存在的原因。因此，从果上溯到因，我们必须或者是追溯一个无穷的连续，而竟没有最后的因，或者是最后必须归到某个必然地存在的最后因；而第一个假设之谬误，我们可以证明如下。在因与果的连锁或连续之中，每一个单独的果的存在都为密接着前在的因的力量和效能所决定；但是整个永恒的连锁或连续，就全部说，却不为任何事物所决定，或有任何事物为其原因；不过，显然地，它也跟开始存在于时间中的任何个别物体一样，需要一个原因或理由。为什么独有这一个诸因的连续，自永恒以来就存在着，而不是任何其他的连续，或竟根本没有连续；这个问题仍然是合理的。假若没有必然存在的“存在”，那么，凡是所能设立的假设都同样是可能的；那么，说并无事物自永恒起就存在着，比之于说宇宙构成的诸因的连续是自永恒起就存在着亦并非更为荒谬。那么，究竟是什么东西决定某些事物的存在而不是无物，并且将存在性加于一个特定的可能性之上，而不加于其他可能性之上呢？外在的因吗，那是已经假定没有的了。偶然性吗，那是一个没有意义的名词。是无物吗？但是无物不能产生任何事物。因此，我们必须归到一个必然存在的“存在”，他自身包含着他存在的理由；并且要假定他的不存在，必定会蕴涵一个显然的矛盾。所以，这样一个“存在”是有的，即是说，神是有的。

克里安提斯说，我不必让斐罗（虽然我知道他是非常喜欢提出反驳的）来指出这个形而上学的推论的弱点。在我看来，这个推论的根据如此显然的薄弱，同时对于真正虔诚或宗教事业又如此的没有用处，所以我自己就敢于指出其中的谬误。

我开首就要指出，擅自理证或用先天的论证来证明一个事实，是一个明显的谬误。除非那个事物的反面就蕴涵着一个矛盾，那个事物是不能用理证来证明的。凡是能被清晰地设想的事物不会蕴涵矛盾的。凡是我们设想它是存在的事物，我们也能设想它是不存在的。所以，“存在”的不存在并不蕴涵矛盾。因此，“存在”的存在是不能用理证来证明的。我认为这个论证是完全有决定性的，并愿意把全部的争论放在这个根据之上。

神被认为是一个必然存在的“存在”；而他存在的必然性又是企图以这种说法来解释，即是，假若我们知道他的全部本质或本性，我们会看出，说他的不存在，就如同说二乘二不等于四一样的不可能。但是显而易见，只要当我们仍然只具有像现在这样的能力，这种情形是绝不会发生的。以前我们设想为存在的，如今设想为不存在，对于我们在任何时候都仍然是可能的；我们的心灵也绝没有假设任何物体有永远存在的必要性，犹如我们有设想二乘二永远等于四的必要性。因此，必然的存在，这些字样是没有意义的；或者说，没有什么东西是永恒一贯的，亦是一样。

但更进一步来说，根据这个对于必然性的解释，物质的宇宙为什么不可以是必然存在的“存在”？我们不敢确定我们知道了物质的所有的性质；就我们所能断定的来说，物质可能包含某一些性质，这些性质，假若是被我们知道的话，会使物质的不存在显得是一个大矛盾，就如二乘二得五是一个大矛盾一样。我所知道用来证明物质的世界不是必然存在的“存在”的论证，只有一种，而这个论证是根据世界的质料和形式双方面的偶然性的。提出这种论证的人[①]说：“任何一颗物质都可设想会消灭的；任何形式都可设想会改变的。所以这样的消灭或改变不是不可能的。”但是就我们对于神所能作的设想，假如我们看不到这同一论证就可以同等地推广而应用到神的身上，那似乎是太不公允了；应该看到，心灵至少能够想象神的不存在，或者他的属性是可以改变的。要使他的不存在显得不可能，或使他的属性显得不可改变，必须有某些不知的、不可思议的性质，这些性质为什么不可以属于物质，是没有理由可说的。既然这些性质是全然不知的和不可思议的，那就绝对不能证明它们是与物质相冲突的。

此外，在追溯一个永恒的物体的连续之外，还要探索一个总因或第一个造物主，似乎是荒谬的。既然因果关系的含义是，原因是时间上在前又是存在的肇端，那么自永恒就有存在的任何事物怎会有一个原因呢？

同时，在这样的一个物体的连锁或连续之中，每一部分是由前一部分引生，而又引生后来的一部分。那么，困难是在哪里呢？你说，但是全体却需要一个原因。我答道，把这些部分统一为全体，如同把各个不同的州郡统一为一个王国，也就像把各个不同的肢体统一为一个身体一样，完全是靠心灵的一种主观判断行为来完成的，对于事物的本性并没有影响。假若我在一堆二十颗的物质

① 指克拉克博士(Dr. Clarke)。

中，把每一颗物质的原因告诉了你，如果你后来问我，这二十颗全体的原因是什么，我会认为这种问法是不合理的。因为这个问题早在解释各部分的原因中充分地解释过了。

斐罗说，克里安堤斯，虽然你所提出的推论，已足以使我不必再提出更多的质难；但我仍不能不主张另外一个论点。算术家观察到，9 的各种乘积的数字总是组成 9 或者 9 的某些较小的乘积，如果你把 9 的各种乘积所借以组成的所有的数字加起来的话。比方，在 18，27，36，等等 9 的乘积之中，你把 1 加 8，2 加 7，3 加 6，可以组成 9。比方，369 也是 9 的乘积；假如把 3、6 和 9 加起，就得到 18，就是 9 的一个较小的乘积。对于一个肤浅的观察者，如此奇妙的一种规律性会被推崇为偶然性或设计的结果；但一个精练的代数学家马上就会推知这个规律性是必然性的结果，并证明这个规律性必然永远出自这种数的性质。我要问，全体宇宙的法则不也可能是由一个与此相似的必然性所支配的吗，虽然人间代数学还没有办法解决这个困难？我们假如能够钻研物体的内层性质，我们会不会就不再赞美自然的存在的秩序，会不会就清楚地看出物体为什么绝对不可能容有任何其他的安排呢？将这个必然性的观念引进到目前这个问题中来是如何的危险！而这种观念又是如何自然地提供一个正与宗教的假设相反的推论！

斐罗接着说，但让我们撇开所有这些抽象的说法，而把我们限于比较熟悉的论点范围之内；我将要大胆地再提出一个看法，就是，先天的论证很少能使人非常信服，除非对于那些具有形而上学头脑的人们；他们习惯于抽象的推理，又从数学中发现智力常常可以透过晦暗并与初见的现象相违反，而导致真理，于是他们便将这

同一的思想习惯转而用之于不应该用到的论题上面。其他的人，即使是明智的和最倾心于宗教的人，总觉得这样的论证具有某种缺陷，虽然他们也许不能明白解释缺陷之所在。这是一个可靠的证明，证明人们在过去总是根据这种推理之外的其他办法，来寻找他们的宗教的根据，并且将来也永远会是这样做的。

第 十 篇

第美亚答道，我承认，照我的意见，每个人亦可谓是在他自己的心里感觉到宗教的真理；是由于他感觉到自己的懦弱和不幸，不是由于任何的推理，才引他去追寻人及万物所依赖的那个“存在”的保佑。生活中即使是最好的景况也是如此的懊恼和烦厌，所以未来始终是所有我们的希望和畏惧的对象。我们不息地向前瞻望，又用祈祷、礼拜和牺牲，来求解那些我们由经验得知的，足以折磨和压迫我们的不知的力量。我们是多么可怜的生物啊！假如宗教不提出些赎罪的方法，并且平服那些不息的刺激和磨难我们的恐怖，那么在这人生的数不清的灾难之中，我们有什么办法呢？

斐罗说，我确是相信，使每个人得到确当的宗教感的最好的而且实在是唯一的方法就是对于人类的悲惨和邪恶作恰当的描述。为着这个目的，一种雄辩和丰富的想象的才能，比起推理和论证的才能来，更为需要。因为不是有必要去证明每个人内心的感觉吗？有必要的只是使我们，假如可能的话，更亲切地和更锐敏地感觉我们内心所感觉到的。

第美亚答道，人们确是充分信服这个伟大而悲伤的真理的。人生的悲惨，人类的不幸，人性的普遍的腐化，快乐、财富、荣誉的享受的不满足；这些词句在一切语言文字中几乎成为谚语了。对于人类从他们自己切身的感情和经验吐出来的话，谁能加以怀疑呢？

斐罗说，在这一点上，学者是和常人完全一致的；在历来一切神圣的和世俗的文学作品中，人类的不幸这个题材，以哀愁及悲伤所能激起的凄恻的笔调，作者反复地加以描述。诗人们随感而言，没有任何系统，而他们所提出的证据却因此更有权威，他们的作品中富于这类性质的形象。从荷马直到杨格博士受到感兴的诗人，感到再没有其他关于事物的描绘更适合于每个人的感情或观察了。

第美亚答道，至于权威们，你无需去寻求他们。看一看克里安提斯的这个书房吧。我敢断言，除掉像化学或植物学这些特殊科学的著作者，他们没有机会去讨论人生外，不可胜数的著作者之中几乎没有一个不在这一段或那一段中，对于人生悲惨感加以控诉或自白。至少，他们全都是抱这种看法的；就我所能记忆的，没有一个著作者会放肆到否认人生悲惨的。

斐罗说，你得原谅我，莱布尼茨就否认了人生的悲惨；他也许是第一个人[①]敢宣布如此大胆的和似是而非的看法；至少，他是第

① 莱布尼茨以前，金博士(Dr. King)及少数其他人也有这种看法，不过那些人没有这位德国哲学家那么出名。

一个人把这个看法作为他的哲学系统的主要部分。

第美亚答道，因为他是第一人，他就不可能觉察出他的错误吗？在这论题中，哲学家们难道还能够有新发现，尤其是在如此晚近的年代？难道有人能够希望用一个简单的否认（因为这论题几乎是不容许推理的），就可推翻以感觉和意识作根据的、人类一致的证明吗？

他又说，为什么人类要自以为是能免于所有其他动物的命运的呢？斐罗，相信我，整个地球都是罪恶的、污秽的。在一切生物之间进行着一个永久的战争。需要、饥饿、贫乏，刺激那些强壮和勇猛者；畏惧、忧愁、恐怖，激动那些懦弱和衰颓者。出生一事就给予新生婴儿及其可怜的母亲以极大的痛苦；一生之中每一阶段都伴有虚弱、衰败和不幸；最后则在苦恼与恐怖之中结束了生命。

斐罗说，再看一下自然为了加深每一个生物的生活的苦痛所设的奇妙的机谋吧。强的劫掠弱的，并使它们陷在永远的畏惧与懊丧之中。弱的也常常倒回来劫掠强的，并且毫不放松地来打扰和困恼它们。看一下那些无数的昆虫类，它们或者滋生在每个动物的身上，或者飞来飞去用它们的螯刺刺入动物的身上。比这些昆虫更小的昆虫，又来折磨它们。所以在前、后、上、下每一方面，每个动物都为那随时想侵害和毁灭它的敌人们所包围。

第美亚说，独有人类似乎部分地是这个规则的一个例外。因为人组成社会，能够容易地驾驭更强壮、更敏捷、生来就足以劫掠人类的狮、虎、熊等等。

斐罗叫道，正相反地，自然律的一致和同等性特别是在这里最为显著。人，的确，能够以合群而制服所有他的真正的敌人，而成为全动物界的主人；但他不是立刻又为他自己树起想象的敌人、他的幻想中的魔鬼吗？这些魔鬼用迷信的恐怖来追逐他，并摧毁他所有生活的享受。他以为，他的快乐，在魔鬼们的眼中，是一个罪过；他吃东西和休憩，给予魔鬼们以愤怒和冒犯；他的睡眠和梦寐是引起他焦惧的新鲜资料；即使是死，他实可借此逃开一切其他的灾难，也只给予他对于无穷的和不可胜举的灾祸的恐惧。迷信对于可怜的凡人的不安的胸怀之侵扰，就如豺狼侵扰畏怯的羔羊一般。

此外，第美亚，请想一想；这个社会，我们依靠它制服那些野兽，我们的自然的敌人；就是这个社会，它不给我们引来什么样新的敌人？不为我们引起什么灾难和不幸？人才是人的最大的敌人。压迫、偏私、轻蔑、强横、暴虐、骚乱、诽谤、叛逆、欺诈，他们借着这一些彼此互相折磨；假如他们不是害怕他们的分裂会惹来更大的祸患，他们会立刻将他们所组成的社会拆散的。

第美亚说，虽然这些从动物来的、从人来的、从所有袭击我们的因素而来的外来的侵辱，构成一个吓人的灾祸的目录；但比起那些起自我们自身的、由身心情况失调而来的侵扰，又微不足道了。多少人辗转于缠绵的病痛之下？听伟大的诗人对此所作的伤感的列举吧。

> 肠胃的结石和溃疡，肚腹的绞痛，
> 魔魇的狂乱，失神落魄的悲伤，
> 还有受了月感而得的疯狂[①]，憔悴的瘦削，
> 虚损和猖狂的疫疠。

① 古人以为受了月亮的影响可以得到疯病。——译者

可怖的颠簸，深沉的呻吟：绝望
伴随着病人，忙忙碌碌地从一个病床到另一个病床。
在他们的头上，得意扬扬的死神摇晃着他的致命的箭，
威胁着，但却迟迟不发，虽然常常祈求
许着誓愿，就像死亡是他们主要的利益和最后的希望。[①]

第美亚继续说，心灵的混乱，虽然较为隐秘，或许也是同样的可悲和烦恼的。悔恨、羞耻、痛苦、愤怒、失望、懊恼、畏惧、沮丧、绝望，谁在生活中不曾受过这些使人痛苦的东西的残酷的侵袭呢？多少人几乎不曾感到过任何比这些好一点的感受？人人憎厌的劳苦和贫穷，是极大多数人的确定的命运：而那些享受安逸和富足的少数受着特惠的人们，也从不曾得到满足或真正的幸福。生活中所有的福利联合起来不会造成一个非常幸福的人；但所有的祸患联合起来会造成一个真正悲惨的人；而且几乎任何一个祸患（谁能避免每一个祸患），甚至于往往一个福利的缺乏（谁能拥有所有的福利），便足以使生活成为不足取。

假如有一个陌生人突然降落在这个世界上，我要把这些作为这个世界的疾苦的标本，指给他看：住满了各种病人的医院，挤满了犯人与欠债人的监狱，布满了尸体的战场，漂浮着挣扎在海洋里的船只，辗转于专制、饥馑或疫疠的痛苦之下的民族。然若转而要将生活的快乐方面指给他看，并给他一种关于这世界的乐事的概念；那我该引领他到哪里去呢？到跳舞会吗？到歌剧场吗？到宫廷吗？他会正确地这样想：我只是指他看了一种不同的不幸和哀

① 密尔顿的《失乐园》，第11卷。

愁而已。

斐罗说，除了设法辩护以外，如此显著的疾苦的例证是无法闪避的，而辩护是更会加重责难的。我要问，为什么一切时代中所有的人们都要对于生活的惨痛不断地控诉呢？……有人说，他们并无正当的理由：这些控诉只是出自他们的不满意的、怨愤的、懊恼的心情而已。……我答道，这种可怜的心情，还不是人类生活之惨痛的最可靠的根据吗？

我的对方说，但是假如他们实在是像他们所以为的那么不幸，他们为什么还要留恋于生活呢？……

> 既不满足于生，而又对死畏惧。

我说，这就是捆绊住我们的秘密锁链。我们是受了恐惧死亡的威胁，而不是受了生活的贿赂，才继续生存着的。

他会说，这只是少数精明的人所耽好的一种虚妄的、精微的敏感，它把这些控诉散布于整个人类。……我问道，你所责备的这种精微的敏感是什么？它岂不只是对于一切人生苦乐的一种更大的感受？假如具有敏感而精明的心性的人，因为他的感应比世界上其余的人更为敏锐，反而只是更为不幸；那么对于人生我们应该作怎样的一般的判断呢？

我们的论敌说，让人们静止下来，他们就会安逸的；他们是他们自己的惨痛的甘心的制造者。……我回答说，不！他们安憩之后随之而来的就是懊丧的困倦；他们的活动和野心之后随之而来的就是失望、烦恼和困苦。

克里安提斯答道：像你们所讲的人生痛苦，我也能在其他一些人的身上看到一些，但我得承认，我自己却很少或甚至根本不觉得这种痛苦；并且希望这种痛苦并没有你们说的那样普遍。

第美亚叫道，假如你自己不觉到人生的痛苦，我要为你这个如此幸福的特例致贺。其他在外表上看来是最幸运的人们，也曾以最悲伤的口吻，不耻吐露他们的怨诉。让我们提到伟大而幸运的查理五世皇帝，在他厌倦于人间豪贵，将他所有庞大的领土让授于他的儿子的时候。在那次重大的让授典礼上他所作的最后一次演说中，他公开表白：他所曾享受过的最大的荣华富贵中夹杂着许多许多的厄难不幸，他可以正确地说，他从来没有享受过任何的满足或惬意。但是他想借以隐避的退休生活给过他任何较大的幸福吗？假如我们可以相信他的儿子的记载的话，从他的退隐的那一天起他的悔恨就开始了。

西塞罗的幸运，从微末的开端，迁升到最大的光荣和名望；但在为大家所熟悉的他的书信以及他的哲学的讨论中，对于生活的疾苦有何等悲伤的控诉啊？他引用了适合于他自己的经验的加多的话；这位伟大的、幸运的加多在他的老年时说，假如他能有一个新的生活，他会愿意放弃目前这个生活的。

问问你自己，问问你的任何一个熟人，他们是不是愿意再过一次他们近十年或近二十年间的生活。他们说，不！未来的二十年将要更好一点：

从生命的残余中，希望获得
起初的轻快的疾走所不能给予的东西[①]

① 引自德来登(John Dryden)所著奥伦辛比(Aurengzebe)一剧中诗句。

所以在最后，他们发现，他们是同时在控诉着生命的短暂，以及生命的空虚和烦恼（人生的痛苦是如此之大；它甚至可以调和种种矛盾）。

斐罗说，克里安提斯经过这些思考，以及无数更多的可能提出的思考之后，你还可能坚持你的神人相似论，并且还主张神的公正、恩惠、慈悲、正直等等道德属性，和人类的这些德性具有同样性质的吗？我们承认他的力量是无限的；凡是他所意欲的都实现了；但是人类及其他动物都是不幸的；足见他并不意欲人及其他动物的幸福。他的智慧是无限的；他从不会在选择达到目的的手段中出错；但是自然的历程并不倾向于人类或动物的幸福；足见自然的历程并非为这个目的而设的。在人类知识的全部领域中，再没有比这些推论更可靠，更无谬误的了。那么，他的恩惠和慈悲究竟在哪些方面和人的恩惠和慈悲相像呢？

伊壁鸠鲁的老问题还没有得到解答。他愿意制止罪恶，而不能制止吗？那么他就是软弱无力的。他能够制止，而不愿意制止吗？那么他就是怀有恶意的。他既能够制止又愿意制止吗？那么罪恶是从哪里来的呢？

克里安提斯，你派给自然一个目的和意向（我相信这是正确的）。但是我要请问你，自然在一切动物中所布置的奇妙的机巧和机构的目的是什么？只是保存个体和繁衍种族。只要能在宇宙中保存这样一个地位，无须乎顾及组成宇宙的各部分的幸福，似乎就满足了自然的目的。幸福这个目的没有任何根源；没有专为产生愉快或安逸的机构；没有纯粹享乐和惬意的准备；没有不随伴着缺乏或需要的满足。至少，少数这类性质的现象，也被与这类性质相反的更为重要的现象所压倒了。

我们对于音乐、和谐，甚至所有各种的美的感觉，可以供给满足，这对于种族的保存与繁衍并无绝对的必要。但是在另一方面，由风痛、肾砂、偏头痛、牙痛、风湿病而起的是何等强烈的痛苦？这些疾病对于动物机构的损害或是轻微的或是不可救治的。欢娱、笑乐、玩要、嬉戏似乎是并无更进一步意义的无偿的满足；抑郁、悲伤、不满、迷信，则是属于同一性质的痛苦。那么，神圣的恩惠，照你们神人相似论者所用的意义，怎样能够表现出来呢？只有我们神秘主义者，像你所喜欢这样称呼我们的，才能解释这种现象的奇异的混合，我们认为这是出之于无限完善而不可了解的属性。

克里安提斯微笑着说，斐罗，你最后才露出了你的意向么？你长久与第美亚的和协确是使我有点惊讶；但我现在看出你一直就在建立一个反对我的隐蔽炮台。我必须承认，你现在是碰到一个值得施展你的反驳和争辩的高明才能的论题了。假如你能确立目前这个论点，并证明人类的不幸与腐败，那么一切宗教就立刻完蛋了。因为要是神的德性还是可疑而不定的，建立神的自然的属性有什么用呢？

第美亚答道，你对于这些最纯洁的，即使在最信奉宗教的人们和最虔诚的人们中间也最普遍地被接受的看法，非常轻率地表示愤慨；而且对于人类的邪恶与痛苦这个论题的讨论你竟然责为无神论与渎神，真是再没有比这种说法更能令人惊异的了。所有曾在这样一个丰富的论题上大肆雄辩的虔敬的神学者和教士；我说，他们不是曾经对于这个论题所遇到的每一困难都容易地解决了吗？这个世界比起宇宙来只是一个点而已；人的一生比起永恒来只是一瞬间而已。因此，现世的罪恶现象在其他世界，和某个未来时期的存在中，会矫正过来。人类的眼睛到那时就睁开了，能够对事物有更宽广的看法，看到了一般规律的全部关联，并带着赞仰的心情，在天定的一切迷乱和错杂情况中，追溯出神的恩惠和正直来。

不！克里安提斯答道，不！这些武断的假设，违反明显而不容争论的事实，是绝不能被容纳的。除了根据原因的已知的结果之外，还能根据什么知道原因呢？除了根据显然的现象之外，还能根据什么来证明任何假设呢？将一个假设建立在另一假设之上完全是空中楼阁；而借着这些揣测与虚构，我们至多只能肯定我们的看法的可能性，但根据这样的条件，我们永不能建立它的实在性。

证明神的恩惠的唯一方法（这就是我愿意主张的），就是绝对否认人类的痛苦和邪恶。你的讲法是夸张了的；你的悲伤的观点大部分是无稽的；你的推论违反了事实和经验。健康比疾病更普通；快乐比痛苦更普通；幸福比不幸更普通。而且根据计算，我们得到一百次享受，才碰见一次烦恼。

斐罗答道，即使承认你那极端可疑的假设，你必须同时承认，假如痛苦不如快乐流行，痛苦却是比快乐剧烈和持久得多。一个钟头的痛苦往往能超过我们一天、一星期、一个月的日常枯燥的享受：而各个人有多少天、多少星期、多少个月在最剧烈的痛苦中度过的？快乐很少有一次能够达到狂欢和销魂的：快乐没有一次能够在最高点和最高度持续片刻的。精神涣散了；神经松懈了；机构紊乱了；于是享受很快地降为疲劳和不安。但是痛苦却常常地，老天呀，多么常常地，升为剧痛和苦难；而且痛苦愈持续得久，就愈变为真切的剧痛和苦难。忍耐到了尽头；勇气衰颓了；悲痛抓住了我们；没有别的，只有移去痛苦的原因或另一件事[①]才能终止我们的痛苦。这另一件事是对于一切祸患唯一的救药，但由于我们的自然的愚蠢，我们却对它更为恐惧、更为惊怖。

斐罗继续说，但即不坚持这些虽然最明显、最可靠、最重要的论点；我还得坦率地忠告你，克里安提斯，你将这个争论放在一个最危险的争点之上，而且不知不觉在自然的和天启的神学的最主要的教条中引进了一个全盘的怀疑主义。什么！除非我们承认人生的幸福，并且认为即使在这个世界上，带着所有我们目前的痛苦、疾患、烦恼和愚蠢，继续生存是可取的和可以欲求的，除了承认这点之外，便没有一个为宗教奠定正当基础的方法！但这是违反每个人的感情和经验的；它是违反一个确立得无法推翻的权威的；对于这个权威不可能提出任何决定性的证据来反对；你也不可能将一切人类和一切动物的生活中所有的苦乐加以计算、估计和比较。这样，你将整个宗教系统依存于一个论点之上，这个论点，由于它本身的性质，必然是永远不确定的，你也就默认了那个系统也同样是不稳定的。

即使承认你那个永不会被人相信的说法，或至少是你所永不可能证明的说法，即是，动物的幸福，或至少是人类的幸福，在现世生命中，超过了它的痛苦；你还是没有做到什么：因为这个绝不是我们所期望于无限的力量、无限的智慧和无限的善的。为什么这个世界上要有痛苦呢？当然不是由于偶然而来的。那么，必然是

① 指死亡而言。——译者

出于某种原因。它是由于神的主意吗？但他是完全仁慈的。它是违反了神的主意而来的吗？但他是全能的。这般简短、这般清楚、这般有决定性的推理的确实性是无法动摇的；除非我们认为，这些论题超过所有的人类能力，我们对于真与假的一般衡量不能应用到它们之上；这一个论点是我一向所主张的，但你却自始就以轻蔑和愤慨来反对它。

但我还是愿意从这个堡垒撤退下来：因为我否认你能把我逼在这个堡垒之内。我愿意承认，人的痛苦或不幸是与神的无限力量和无限善相容的，就算按照你对这些属性所用的意义；但你能因所有这些让步得到些什么呢？光是可能的相容性是不够的。你必须要根据目前的混杂的、紊乱的现象，并且只根据这些，来证明这些纯粹的、不混杂的、不可控制的属性。好有希望的一个工作啊！即使现象是非常纯粹、非常不混杂的，然而是有限的，它们就不足以达到这个目的。而这里它们既又互相冲突，而又不相融洽，它们所不够的程度更要高多少啊？

克里安提斯，这里，我对于自己的论证是处之泰然的。这里，我是胜利了。以前，当我们辩论到关于理智或设计的自然的属性时，我需要所有我的怀疑主义的和形而上学的机智来逃脱你的掌握。在许多关于宇宙的看法，以及关于宇宙的各部分的看法，特别是在后者之中，最后因的美和适当性，用如此不可抗拒的力量来打动我们，使所有的反驳都显得(我相信它们实在是)只是些强辩和诡辩；我们也不能想象，我们如何能对于这些反驳予以信任。但是根据对于人生或对于人类情况的看法，我们推知道德的属性，或者求知我们只能借信仰以发现的无限的恩惠，以及无限的力量与无限的智慧，没有不是极大的牵强的。现在轮到你来坚苦地支持你的哲学上的机智，来反对明显的理性和经验的教训了。

第十一篇

克里安提斯说，我毫不疑惑地承认我对于所有神学著作家所常用到的无限这个词很不信任，这个词表示的哲学的意味还不如它表示的赞美的意味更多，假如我们采用更精确和更稳当的词语，我们就更能达到推理的，甚至宗教的目的。可赞扬的、卓越的、非常伟大的、智慧的、神圣的等等；这些名词便足以满足人类的想象；超出这些词语的表达方式，除了引人入于荒谬之外，对于感情或情绪都没有影响。所以，在目前这个论题上，第美亚，假如我们像你所主张的那样放弃一切人类的类比，那么我恐怕我们就放弃了一切的宗教，对于我们赞仰的对象就一无所知了。假如我们保留人类的类比，我们会始终觉得，要把宇宙中混杂有罪恶这个现象和无限的属性相调和是不可能的；要从前者来证明后者更是不可能的。但要是我们假定自然的创造主是有限地完善的，虽然远超乎人类之上；我们就能给予自然的和道德上的罪恶以满意的说明，每一个不顺的现象也能得到解释和安排，这样，创造主就可能是为了避免一个更大的恶，才选择一个较小的恶；为了达到一个所想望的目的，才容忍种种的不方便。总之，由智慧所调度，由必然性所限制的恩惠，可能就恰好造成了像今天这样的一个世界。斐罗，你是非

常敏捷于提出意见、感想和比喻的；最后，我很喜欢毫不间断地听听你对于这个新理论的意见；假如你的意见值得我们的注意，我们随后在空闲一些的时候就可以将它纳入定型。

斐罗回答说，我的意见不值得视为神秘；因此我要不客气地说出我对于目前这个论题所想到的意见。我想，我们必须承认，假如有一个我们假定他具有非常有限的理智与对这个宇宙是完全陌生的人，人家确告他这个宇宙是一个非常良善的、智慧的、有力量的、不过是有限的存在的产物，那么他会根据他的揣测对于宇宙事先就形成一种概念，与我们在经验中所见到的不相同；他只根据了他所知的这个原因的这些属性，也绝不会想象到它的结果会像现世生活中所表现的如此充满了邪恶、痛苦和紊乱。现在假设这个人来到这个世界上，心中仍然确信这个世界是这样一个崇高而仁慈的存在的作品；他或许会由失望而惊讶；但他不会撤去他以前的信心，假如这种信心是以非常坚实的论证做根据的话；因为这一个具有有限理智的人必然知道他自己的盲目与愚昧，亦必承认可能有许多关于那些现象的解释，永非他的了解所能及的。但若假设（这就是人的实在情形）这个人并不事先确信有一个仁慈的、有力量的、至高的理智，而要让他从事物的现象中去构成这样的一个信仰，那么情况就全然不同了，他也永远找不出任何理由来作出这样一个结论。他可以充分相信他的智力的狭窄的范围；但这个不足以帮助他来构成一个关于至高力量的善良性的推论，因为这个推论必须根据他所知道的，不能根据他所不知道的而构成。你愈夸张他的脆弱和愚昧，你就愈使他没有自信，并且让他存有更多的疑心，认为这样的论题是超乎他的能力范围之外的。因此，你必须只

根据已知的现象和他推论,放弃所有的武断的假定或揣测。

假如我带你去看一所房屋或宫殿,其中没有一个房间是便于利用或惬意的;其中门窗、炉灶、走廊、楼梯以及全部建筑的结构,都是喧闹、混乱、疲劳、黑暗和极热极冷的根源;你必定会不再多作考察,就对整个设计加以谴责。如果建筑师向你表现他的机巧,证明假如把这扇门或是那扇窗改变了,结果只有更多的坏处,那也是徒然的。他所说的可能在实际上是正确的:改变建筑的一部分,其他部分仍然不动,可能只是增加了不便的程度而已。但是你仍然会总的肯定,假若这个建筑师具有技巧和好意,他可能为全部拟定一个计划,把各部分配合得很好,足以使所有的或大部分的缺点纠正过来。绝不会因为他或者甚至你自己对于这样一个计划的无知,就使你相信这个计划的不可能性。假若你在建筑物中发现许多的不方便和残缺之处,你就会不作任何细节的考究,而对于建筑师加以责备的。

总结起来,我重提一下这个问题:这个世界一般地看来,以及它在现世生活中呈现于我们之前的情形,是否不同于一个人或这样一个有限的存在所事先期待于一个非常有力量的、智慧的、仁慈的神所创的世界呢?肯定这个问题的反面必然是可怪的偏见。由此我可以得出结论,不管这个世界在某些假定和揣测上(假如我们承认这些假设和揣测)是怎样的符合于一个神的观念,这个世界总不能为我们提供一个关于神的存在的推论。我们并不绝对否认这个世界与一个神的观念的符合性,而只是绝对否认从这个世界确定神的存在的推论。揣测,特别是当神的属性中排除了无限性时的揣测,或许足以证明这种符合性;但绝不能作为任何推论的根据。

所有的或大部分的困扰着有情生物的疾苦，似乎是依据于四个条件；所有这些条件是必然的、无可避免的，这也不是不可能的。我们在日常生活之外，甚至对于日常生活，所知甚少，所以对于宇宙的法则，任何一个揣测，即使是非常狂妄的揣测，都可能是对的；同时，任何一个揣测，即使是很可赞许的揣测，都可能是错的。在这种高度的无知和晦暗之中，人类的理智只应该抱怀疑的态度，或至少是小心的态度；不可以容纳任何的假设；更不可以容纳看来毫无可能的假设。关于恶的一切原因，以及恶所依据的条件，我认为，就是合于我方才所说的情形的。在人类理性看来，这些条件之中没有一个有最低限度的必然性或不可避免性的；我们若非极度放纵想象力，也不能假定它们是如此的。

第一个引生的条件是动物界全体的设计或法则，借此，痛苦与快乐同样用来激发一切动物的行动，并使它们在自我保存的伟大工作中保持警惕。光是快乐，因为它有各种不等的程度，在人类理解力看来，似乎就足以完成这个目的了。一切动物尽可以经常都在一种享乐状态之中；但一经渴、饥、困倦等等任何一个自然的需要的推动时，它们虽不感受痛苦，却感觉到快乐的减少，因而就可以促使它们去寻求那个它们的生存所必需的对象。人类求乐和避苦一样地迫切；至少，人类尽可以是生来这样的。因此，没有任何痛苦地生活着似乎显然是可能的。那么为什么要使动物有痛苦这种感受呢？假若动物能脱离痛苦一个钟头，他们就尽可以永远享受免除痛苦的自由；而且，为了创造痛苦的感觉，就需要对它们的器官做一个特殊的设计，好像为它们创造视、听或其他任何的感觉一样。难道我们就可以毫无理由地揣测，这样一个设计是必要的吗？难道我们可以把这个揣测作根据，就如以最可靠的真理作根据一样吗？

但是如果没有第二个条件，即是，世界是由一般规律管制的，那么痛苦的感受力不会就单独地产生痛苦的；而这对于一个很完善的存在根本是不必要的。这是真的：假如万物皆为特殊的意志所管制，自然的过程就会永远在破裂中，也没有人在日常生活中能够应用他的理性了。但是难道不可能有另外的特殊的意志来矫正这个缺点吗？简言之，难道不可能由神来了结各处发现的一切的恶；并且不用任何准备或因果的悠长的进程，就创造出一切的善吗？

此外，我们必须注意，根据目前的世界的法则，自然的过程，虽则被假设为十分有规则的，但呈现于我们面前的却并非如此，有许多事件是不稳定的，许多事件是不合我们的期望的。健康与疾病，宁静与风暴，以及无数其他偶然事件，它们的原因不明而且变动不定，对于个人幸福及公众社会的繁荣，都有极大的影响；的确，一切人类生活，亦可谓是依靠于这些偶然事件的。因此，一个知道宇宙的秘密的机动力的存在，可以用特殊的意志，很容易地把这所有的偶然事件都转变为有利于人类，造福于全世界，而自己不用在任何活动中出现。一个舰队，它的目的是有利于社会的，就总是会遇着顺风；好的国王就会享受健康和长寿；生来就有权力和权威的人们，就会秉有好的脾气和善良的品性。少数像这样的事件，经过有规律和聪明的管制，就会改变这个世界的面目；而不会比目前这个万物的法则更加扰乱自然的过程，或混淆人类的行为，在目前这个法则之下，原因是秘密的、变动的，又是复杂的。当卡里古拉[①]幼年时，在他的脑子上加一些轻微的触动，可能会将他变成一个图拉真[②]。一个浪头，稍微高过于其余的浪头一点，将凯撒及其命运葬在海底，可能会为很大一部分人类恢复自由。神意为什么不这样插手来做，就我们所知，或许有好的理由；但这些理由对于我们是不知的，虽然只是假设有这样的理由，可能就足以保全那个关于神性的结论，不过这实在是绝不足以建立那个结论的。

假如宇宙中每一事物都为一般的规律所管制，假如动物都能感受痛苦，那么某些恶必然会起于物质的各种冲突，起于一般规律的各种互相反对与同时并现的情况中。但是这个恶还是不会多见，假如没有我所要提出的第三个条件，即是，没有自然赋予每一个特殊的存在以力量和能力时所掌握的节约原则；所有动物的器官和能力配合得这样好，又这样适宜于它们的保存，所以在历史或传统所及的范围内，似乎还没有一个族类在宇宙中灭绝过。每一只动物具有必需的禀赋；但是这些禀赋是用这样严谨的一种法则来赋予的，致使稍微的减损就必定会完全毁灭这个生物。一种力量增加了，他种力量就有比例的减少。动物之长于敏捷的，通常是短于力气。同时具有这二者的，那么或者它们的某些感官就不完全了，或者他们就受到最强烈的需要的压迫。人类的主要长处是理性与智慧，却是所有动物中最贫乏的，最缺少体格方面的利便的；若非由于他们的技巧和勤奋，他们就没有衣服、没有武器、没有

① 卡里古拉(Coligula)，罗马暴君之一。

② 图拉真(Trajan)，罗马较好的君主之一。

食物、没有住所、没有生活上的任何利便。总之，自然似乎对于她的众生的需要曾作一个精确的计算，并且像一个吝啬的主人一样，给予它们的力量或禀赋只恰恰足够用来满足那些需要。若是一个大方的父母就会给予大量的力量或禀赋，用来防卫意外，并在最不幸的环境下维持生物的快乐和幸福。生命的每一过程也就不会像这样的为危难所包围，以致由于错误或必要，稍微离开正路一步，就必定会使我们陷于不幸或毁灭。就会有一些积存，一些储藏，预备用来保证幸福；力量和需要也就不会用这样吝啬的法则来调配。造物主是有不可思议的力量的：他的威力是被认为伟大的，如果不是无穷尽的话；就我们所能判断的而言，也没有任何理由使他在调配他的众生时也遵守这种严格的节约原则。假如他的力量是极端有限的话，那么最好是少创造些动物，而多给予它们一些为它们幸福和生存所需的能力。一个建筑师，如果他执行的计划，超过了他的材料能够使他完成的限度，就绝不能算是智虑聪明的。

为了要除去大部分的人生疾苦，我并不要求人要有鹰的翅膀、鹿的敏捷、牛的力气、狮的膀子、鳄鱼或犀牛的鳞甲；我更不要求天使或天神的智慧。我只要他的灵魂的一种力量或能力有所增加就满意了。让他赋有一种对勤奋和劳动较大的爱好，一种较强的心灵的动力和活动，一种对事业和工作更为有恒的志趣。让整个人类生来就具有同等的勤奋，具有许多人能借习惯和思考而得到的东西；那么，虽然没有正面减杀世间之恶，最有利的后果就会是这种禀赋的直接而必然的结果。几乎人生中所有道德上的以及自然的恶都自怠惰而生；假如我们人类，能够由于他们的结构的原来的组成，便摆脱了这个罪恶或缺陷，那么，紧随之而来的就是土地的完善的垦殖，艺术和工业的进步，每一职务和责任的准确的执行；而人类就立刻可以完全达到一种社会情况，这种社会情况是即使管理得最好的政府也不能完善地达到的。但是，勤奋既然是一种力量，并且是最有价值的力量，自然似乎就依照了她的通常的准则，决定用很吝啬的手将它赋予人类，并且宁可为了人在这方面的缺点而严厉地处罚他，却不为了他在这方面的成就而酬赏他。她这样的设计好他的结构，使得只有最强烈的需要才能逼使人去劳动；她利用所有他的其他的需要去克服，至少是部分地克服勤奋的缺乏，这样就部分地赋予他一些这种能力，这种能力她原来认为是应当从他夺去的。这里，我们的要求该可以认为是非常低微的，因此也是比较合理的了。假如我们要求高超的洞察力和判断力，对于美的更为精审的鉴赏力，对于仁慈与友谊格外敏锐的感觉力等等的禀赋；那么人家也许会告诉我们，说我们是想悖逆地破坏自然的秩序，说我们是想把我们自己提升为较高一级的存在，说我们所要求的赋予不适于我们的地位和情况，只会是危害我们的。我们处身于如此地充满了要求和需要的世界之上；在这个世界上，几乎每一个存在和每一个分子要不就是我们的敌人，要不就不给我们以帮助；而我们还要和自己的性情作斗争，还要让我们唯一足以防御这些大量的祸患的能力给剥夺去，这真是惨酷；我敢重复地说，这真是惨酷的啊。

宇宙中不幸和祸患所从出的第四个条件是：自然这部大机器的一切动力和原则的不精确的技巧。必须承认，宇宙中很少的部分不是为着某种目的而服务的，去掉这些部分很少会不在全体之中造成显然的缺陷和紊乱的。各部分都连结在一起；不可能触动其中一个而不或多或少地影响其余的。但同时，必须看到，这些动力或原则，不管怎样有用，其中没有一个是调配得十分精确，恰恰保持在它们的有效性的范围之内的；而是它们在每一场合下全都易于走入这一个或另一个极端的。一个人会设想，这个巨大的作品没有经过制造者的最后一次手；每一部分都是非常的不完善，而工作的手法又是非常的粗糙。比方，风对于在地球表面运送气体、帮助人的航行，是必需的；但又多么常见其激起而成为风暴和台风，而变成有害的呢？雨对于滋养地球上的动植物是必需的；但雨又多么常常地有害呢？多么常常地过分呢？热对于一切动物生活和植物生长都是必需的；但并不总是能够经常保持适当的比例。动物的健康和昌盛依靠身体上的体液和腺液的调和及分泌；但是这各部分并不能总是有规律地完成它们的正当的功能。有什么比心灵所具的野心、自负、爱情、愤怒等等的情绪更有用处？但它们是多么常常地冲破它们的界限，而在社会上引起极大的变乱呢？在宇宙中最有利益的东西，总是常常因为过分或缺陷就变成有害的；自然也没有以必需的精确性来防止一切的紊乱或混淆。这种不规则性也许绝不至于大到可以毁灭任何族类；但常常足以使个体陷于毁灭和不幸。

一切或绝大部分的自然的祸患就以这四个条件的同时并存为依据。假如一切生物都不能感受痛苦，或者假如这世界是由特殊的意志来管理的，那么祸患就永远不能进入这个宇宙；假如动物赋有了大量的力量和能力，超过绝对必要性所要求的；或者假如宇宙的各个动力和原则构造得十分精密，足以经常保持恰当的节制和适中；那么比起我们目前感受到的祸患来，祸患一定是很少的了。

那么，在这个问题上，我们要作什么断语呢？难道我们要说，这些条件并不是必需的，在宇宙的设计中，尽可以很容易地改变它们的吗？这个决定对于我们这样盲目而愚昧的生物是太狂妄了一点。让我们把我们的结论作得更谦逊一些。让我们承认，假如神的善性（我是说与人相似的善性）能够根据任何可以容许的先天的理由而建立，那么这些现象，不管怎样的不顺，就不足以推翻那个原则；而可以在某种不知的情况之下，很容易地与那个原则成为相容。但是让我们仍然断言，既然这个善性并非事先建立，却是必须从现象推出，那么，因为宇宙中有这么多的疾苦，并且因为就人类智力对于这个论题所能下的判断而言，这些疾苦都不难免除，所以这样的一个推论就无所依据了。我很怀疑来承认这一点：即坏的现象（且不管我的一切推论）可以和你所假定的那些属性相容；但当然它们是绝不能证明这些属性的。这样的一个结论不能是根据怀疑主义而得的；而必然是根据现象，并根据我们对于从现象而得出的推论的信赖。

请看看这个宇宙！有生命而有组织的，有感觉而有行动的存在是多么众多！你赞叹这个异常的繁多和饶富的景象。但请稍微仔细地考察一下这些有生命的存在，这唯一值得注意的存在。它们是如何的彼此敌对和彼此摧毁啊！它们的全体为了取得它们自己的幸福所准备的条件是多么不足啊！在旁观者看来，它们是多么可鄙或可厌的啊！它们的全体只给人一个盲目的自然的观念，这个自然包孕着一个巨大的赋予生命的原则，并从她的腰胯间，既不辨真伪，又无双亲的关怀，而生出她的残废而流产的孩子们来。

由此看来，摩尼撒系统似乎是解决这个困难的一个适当的假设：无疑地，这个假设曾对生活中的善与恶的奇异的混合给以似乎可取的解释，所以在某些方面，它似乎是非常有道理的，是比通常的假设具有更大的可能性的。但在另一方面，假如我们考虑到宇宙中各部分的完全的统一性和协调性，我们就不会在宇宙中发现恶毒的存在与善良的存在的斗争的任何迹象。在有情生物的感觉中诚然有苦与乐的对立；但是自然的一切的活动岂不都是因热与冷、湿与干、轻与重等原则的对立而进行的吗？真正的结论是这样的：万物的根源完全不受所有这些原则的影响，并不以为善高出于恶，一如不以为热高出于冷或干高出于湿或轻高出于重。

关于宇宙的第一诸因[①]可以有四个假设：即是，它们是全善的；或者，它们是全恶的；或者，它们是对立的，有善也有恶；或者，它们是无善无恶的。混合的现象绝不能证明前两个不混合的原则。一般规律的统一性和稳定性似乎与第三个假设相反。因此，第四个似乎是最为可能的。

我对于自然的恶的说法，可以稍加变动或者不用变动便用到道德上的恶上面去；我们没有理由推论至高存在的正直与人的正直相似，正如我们没有理由推论他的仁慈与人的仁慈相似一样。并且，我们还可以认为，我们有更大的理由，将我们所感觉的道德情绪从他身上除去；因为照许多人的意见，道德的恶驾乎道德的善之上的程度，远过于自然的恶驾乎自然的善之上的程度。

即使不承认这个说法，即使认为人类中德行远胜于恶行；但只

---

① 第一诸因，是指第一因，或原始因，此处假设其为多数的，所以称为第一诸因，原文是 first causes。——译者

要宇宙中有任何一点的罪恶，那么如何去解释这种罪恶，就对于你们神人相似论者是极大的麻烦了。你必须为这种罪恶设一原因，而不归之于第一因。但是因为每一个果必有一个因，这个因必又有另外一因；那么你必须或者推至无穷，或者就停留在原始原则之上，这个原则就是万物的最后因……

住口！住口！第美亚叫道：你的想象力把你推向那里去了？我与你联合了站在一边，为的是证明神圣存在的不可了解性，为的是反驳克里安提斯的原则，他要用人类的尺度和标准来衡量万物。但是我现在发现你正在陷入极端放肆派和邪教徒的所有的论点；并且你在出卖你所佯为支持的神圣事业。因此，你岂非暗中是比克里安提斯本人更危险的敌人吗？

克里安提斯答道，你现在才看出这一点吗？第美亚，请相信我；你的朋友斐罗，从开始就把我们两人作牺牲为他自己取乐；我们也必须承认，我们的通俗神学的不谨严的推理徒然给他一个取笑的恰当把柄。人类理性的极度缺陷，神性的绝对不可了解性，人类的巨大而普遍的苦难和更巨大的邪恶；这些都实在是正统的神学者和宗教博士们非常喜欢主张的奇异的论点。在愚昧和无知的时代，这些原则诚然可以安全地被拥护的；并且，或许没有任何对于事物的看法，能比激起人类的盲目的惊奇、自疑和悲伤的看法，更适于推进迷信的。但在现在……

斐罗插进来说道，不要过于责怪这些可尊敬的先生们的无知。他们会知道如何随着时间来改变他们的作风的。过去，主张人生是空虚和苦难的，并夸大人类所遭的祸患和痛苦，是一种最通行的神学论点。但近来，我们知道，神学者们开始撤销这个论点，并且主张，即使在现世生活中，善是多于恶的，乐是多于苦的，虽然他们在这样说的时候仍旧是略带犹豫。当宗教完全立足于性情与教育之上，激起悲伤之感被认为是恰当的方法；因为人类确是从没有像在悲伤中那样迅速地信崇至高的力量的。但由于人类现在已经学会建立原则，推演结论，那就必须变更攻击的方式，要利用至少能够经得住一些审究与考查的论证。这个改变，就与我前面所提到的关于怀疑主义的改变是一样的（并且是出于同样的原因）。

这样，斐罗自始至终保持着他的反对精神，以及他对于一般公认的看法的谴责。但是我能看出，第美亚对于这个讨论的后一部分丝毫不感兴趣；他随即乘机找了一个借口离开大家了。

第十二篇

第美亚离开之后，克里安提斯和斐罗继续下面的谈话。克里安提斯说，我恐怕，我们的朋友当你在场时将再也不愿重提这个讨论的题目了；并且，斐罗，实在说来，我也宁愿和你们两人分别地讨论这样崇高、这样有趣的一个论题。你的争辩的精神，加上你对于常人的迷信的痛恶，使你在辩论时趋向极端；而且，没有一个即使在你自己看来也是十分神圣而可崇敬的事物，你在那种时机里面不加攻击的。

斐罗答道，我得承认，我对于自然宗教这个论题比对于任何其他论题都来得大胆而不经意；这一方面因为我知道我绝不可能在这论题方面破坏任何有常识的人的原则;另一方面因为我相信,凡视我为有常识的人也绝不会误解我的意向的。克里安提斯,特别是你,我和你推心置腹地生活在一起;你知道,不管我的谈话如何随便,不管我如何爱好奇怪的论证,其实没有人在他的心中比我有更深的宗教感,或者对于自然的不可解释的设计和机谋或对于显示于理性的神的存在,给予更深的赞仰。最疏忽,最愚笨的思想家都随处可以体会到一个目的、一个意向、一个设计;没有人能在荒谬的理论系统中硬起心肠,在一切时候都对于目的、意向、设计加以摈斥的。自然不做徒劳无益的事是在一切学派中已经成立的一条公则,这条公则仅仅是根据对于自然的作品的观察而得,没有任何宗教上的目的;由于对这条公则的真理的强固的信心,一个解剖学家在他看到一个新的器官或管道时,一定要同时发现它的用处和目的,否则绝不会满意的。哥白尼系统的一个伟大的基础是这条公则,即是,自然用最简便的方法而活动,并选择最适当的手段来完成任何目的;天文学家常常不知不觉地为宗教和虔敬安设下这个有力的基础。在哲学其他部门中也可以看到这个同样的情形:这样,一切的科学就几乎都引导我们不知不觉地承认一个最初的理智的造物主。而因为科学并不直接地公然说出那个意向,它们的权威往往是更大得多。

我高兴地听到格伦[①]关于人体结构的理论。他说,解剖一个人可发现差不多六百种不同的肌肉;谁若对这些肌肉加以仔细审察,他就会看出,自然在每一种肌肉中,至少安排下十种不同的条件,用

① 格伦(Claudius Galen),希腊医师及医学著作家。——译者

来达到她所要求的目的;适当的形状,恰当的大小,各个末端的正确的配置,全体的上下部位,各条神经、静脉和动脉的合适的穿插。所以,单在肌肉之中,必然就已构成和完成了差不多六千个观点和意向。骨头在他计算有二百八十四根:每根骨头的结构中包含有差不多四十个目的。即使在这些简单而性质相同的部分之中,就有多么神奇的智巧的表现啊?假如我们考察一下皮肤、韧带、脉管、腺体、体液以及各个肢体和身体的各个部分;那么,由于这些精巧地安排的各部分,数目既多,结构又复杂,我们该有何等更大的惊异啊?在这些研究中,我们愈进一步,就愈能发现技巧与智慧的新的情况:但再遥望一下,在各部分的最精微的内层结构之中,在脑的组织之中,在输精管的结构之中,就有超出我们考查范围之外的更多的情况。所有这些机巧,在各种不同的动物中都反复体现着,极尽变化,并异常恰当地适应自然构成每一种类的各种意向。假若以格伦的不信宗教,即使在这些自然科学仍是不完全之时,还不能抗拒这样显著的现象;那么在这个时代的一个哲学家,在今天还能怀疑一个至高的理智,他的顽拗的固执性是达到了何等的高度啊?

假如我能遇见一个这种哲学家(谢谢上帝,这种人是很少的),我就要问他:假如有一个上帝,并不直接显示于我们的感觉之前;他还可能在自然的全部表面现象之外,给我们以关于他的存在的更有力的证据吗?这样一个神圣的存在,只有照抄万物的目前的法则;使他的许多机谋显得明明白白,连愚人也不会误解;露出更伟大的机谋的迹象,这些机谋显示出他的不可思议的卓越性是远超出我们狭隘的了解力的;并且完全藏住许多机谋,让这样不完善的生物不能看见;的确,除了这样做以外,他还能做些什么呢?根据正当推理的所有的原则，任何一个事实必须是不可争论的，假如这个事实为它的本身性质所容许的所有论证所支持，即使这些论证自身并不很多，也并不很有力量。在目前的例子中，人类想象力无法计算这种论证的数目，人类智力也无法估计这种论证的说服力。那么这一个事实又该是多么更不可争论的啊？

克里安提斯说，在你所作极好的陈述之外，我要加上这一点，即是，有神论原则的一个大好处，是在于它是唯一的宇宙构成论系统之能成为明白而完整者，它并能与我们在这个世界上日常所见的和所经验的，自始至终保持强有力的类似。将宇宙比拟于人类设计的一架机器是这样的明显而自然，又被自然中秩序与设计的这么多的例证所证实；所以它必然会一下子打动所有具备没有偏见的理解力的人，而得到普遍的赞成。谁要是想动摇这个理论，他也不能够自行建立起任何一个其他的精密而确定的理论，来代替这个理论；他只能做到提出怀疑与困难为止；他只能根据对于事物的玄远而抽象的观点，达到那种判断的悬疑状态，那就是他对这问题所能希望做到的极限了。但是这种心灵状态，除了自身就是不满意的之外，它对于这样显著的，不断地吸引我们信服宗教假设的现象，是不能坚持反对的。人性，由于偏见的力量，能以固执和倔强来坚持一个虚妄而荒谬的理论；但绝对没有一个系统，可以反对一个以有力而明显的理由、天生的倾向以及早年的教育等等作支持的理论，要支持或维护任何一个系统来反对这样一个理论，我想是绝对不可能的。

斐罗答道，我对于在目前这个例子中的判断的悬疑，估计是很少有可能性的，所以我很疑心，这种争论中所渗入的文字之争，已超过于通常所想象的。自然的作品与艺术的作品有极大的相似是显

然的;根据正当推理的所有原则,假如我们对于它们有所讨论的话,我们就应该推出它们的原因也有相应的相似的。但是既然自然的作品与艺术的作品之间也有很大的差异,所以我们有理由假定原因之中也有相应的差异;特别是我们应该将一种远较我们在人类中所看到的任何力量与能力为高的力量与能力,归之于那个至高的因。所以这里,神的存在显然为理性所确定了;假如我们提出这样一个问题:由于这些类似,不管神与人之间可能合理地假设为存在着的巨大的差异,我们能否恰当地称神为一个心灵或一个理智;这个问题不只是字面之争吗?没有人能否认结果之间的类似;禁止我们去参加关于原因的探讨是不可能的;从这个探讨中所得的合法的结论是,原因也有其类似,假如我们不满意于称呼这第一因或至高因为上帝或神,而希望变换称谓;除了称他为心灵或思想之外还有什么呢?他是被正确地认为与心灵或思想极其相像的。

凡有健全理性的人们都厌恶充满于哲学和神学探讨中的字面之争;而避免这种文字滥用的唯一办法必须出自清楚的定义,出自论证中引用的那些观念的意义的精确性和出自所引用的名词的严格而一致的使用。但是有一种争论,由于语言和人类观念的本身性质,牵缠于永远的含混之中,用了任何小心或任何定义,都不能达到一个合理的确定性或准确性。这些就是关于任何性质或情况的程度的争论。人们对于汉尼拔①是一个伟大的,还是非常伟大的,还是绝顶伟大的人,克利奥佩特拉②美到了什么程度,李维或

① 汉尼拔(Hannibal,247－183B. C.),迦太基的大将。——译者

② 克利奥佩特拉(Cleopatra,69－30B. C.),埃及女皇。——译者

修息底特斯配得上什么样的赞美之词，可以争辩到永恒而不能为这种争论得到任何的决定。争辩者在此可以是在意义上相同而在所用的名词上不同，或在所用的名词相同而在意义上不同；但他们却永远不能为他们的名词下定义，使其投合彼此的意义，因为这些性质的程度，不像量或数目，可以容许精确的衡量，而精确的衡量是争论中的标准。关于有神论的争论就属于这种性质，因之只是字面的争论，或者假如可能的话，或许是更为不可救药的含混性的争论；这是只要略一考究就可看出的。我问有神论者，他是否承认，人心与神心之间的差异，因其不可了解，所以是极大而不可衡量的；他愈是虔敬，他就会愈是欣然承认肯定的一面，他也就愈是倾向于扩大这种差异；他甚至会断言，这种差异有一种不厌其扩大的性质。其次我问一个无神论者，我知道，他只是名义上的无神论者，绝不可能是认真的；我问他，从这个世界中所有各部分间的协调性和明显的联系性看来，自然的一切作用之间，在每一种情况和每一个时期，是否都有某种程度的相似；芜菁的腐朽，动物的生殖，人类思想的结构，是否可能是彼此间有些微相似的各种能力；他不可能否认这点，他将会欣然承认它。得到了这一个让步之后，我趁着他的撤退再推他一下；我又问，起初安排而后来又保持这个宇宙中的秩序的原则，是否不可能不与自然的其他作用，以及与人类的心灵和思想的法则，有一些微细的、不可思议的相似。无论是如何的勉强，他也必须加以首肯。于是我就对这两个敌对者叫道，那么你们争辩的主题是在哪里呢？有神论者承认，原始的理智与人类理性大不相同；无神论者承认，秩序的原始原则与人类理性有微细的相似。先生们，你们难道愿意为程度的高下而争吵，参加一个不

容许有任何精确意义，因之也不容许有任何决定的争论吗？要是你们如此的固执，那么，我就会发现你们不知不觉地交换了立场，而一点都不以为怪。这就是，当有神论者在一方面夸张至高的存在与脆弱的、不完善的、变动的、迁易的、不免于死的生物之间的差异；无神论者却在另一方面对于在每一个时期、每一种情况、每一种地位之下自然的所有活动之间的相似，加以扩大。那么，请考究一下，真正的争论点究竟是在哪里，假如你们不能放弃你们的争辩，那么至少请你们消除你们的敌意吧。

这里我也必须承认，克里安提斯，由于自然的作品与*我们的*技巧和设计，比起与*我们的*仁慈和正义，有更大的相似，所以我们有理由推知，神的自然属性与人的自然属性之相似，大于神的道德属性与人的道德之相似。但结论怎么样呢？结论只是，人的道德品性在性质上比起他的自然能力来，更为有缺陷。因为，至高存在既被承认为绝对地并整个地完善的，那么，凡与他相差最远的，也就离开正直与完善的至高的标准最远①。

克里安提斯，这些就是我对于这个论题的真正的意见；你知道，这些意见是我一向藏在胸中，一向主张的。但由于我对于真正

① 显然的，怀疑论者与独断论者之间的争论完全是字面上的，或至少，只是关于怀疑与信任的程度之争，这些怀疑与信任的程度高下，在一切推论上我们是应该容许的：这类的争论通常到最后总是字面上的，不容许有任何精确的决定。任何哲学上的独断论者都不会否认，对于感觉和对于一切科学都是有困难的；而且这些困难用正常的逻辑的方法是绝对不能解决的。任何怀疑论者也不会否认，尽管有这些困难，我们必须对于一切的论题加以思索、信任和推理，甚至常常以信心和保证来作肯定。所以，这两个学派（假如他们当得起这个名称的话）之间的唯一区别是，怀疑论者由于习惯、任性或偏好，大都坚持于困难一方面；独断论者由于相似的理由，大都坚持于必然性一方面。

宗教的虔敬，也就增加了我对于通俗迷信的厌恶；我承认，我是特别乐于对这样的原则有时穷究到使它们显为荒谬，有时穷究到使它们显示为不虔敬。你知道，所有迷信的人，虽然他们厌恶不虔敬更甚于厌恶荒谬，却通常是同时触犯这两种罪过的。

克里安提斯答道，我承认，我的意向与此相反。宗教，不管是怎么坏的，总比根本没有宗教的好。关于未来世界的教义对于道德是这样有力而必需的保证，我们绝不应该抛弃或忽视它。因为，假如有限而暂时的酬报与责罚都有像我们日常所见的效果，那么可以期望于无限而永恒的酬报与责罚的效果，必然更是何等的大啊？

斐罗说，如果通俗的迷信对于社会如此有利，那为什么所有的历史都有这么多的关于它对于公共事务的有害影响的记载呢？党争、内战、迫害、政府的倾覆、压迫、奴役等等，总是伴随着通俗迷信控制人心之后而起的凄惨的后果。在任何历史记载中，如果提到了宗教精神，我们在其后就必然会遇见随之而起的许多灾祸。没有时期能比得上从未注意或从未听到过宗教的时期，更为幸福，更为繁荣的了。

克里安提斯答道，这个现象的理由是明显的。宗教的正当职务在于规范人心，使人的行为人道化，灌输节制、秩序和服从的精神；由于它的作用是潜移默化，只在于加强道德与正义的动机，它就有被忽略以及和这些其他动机混淆的危险。当它自己独立一格，作为一个独立原则来控制人类，那么它就离开了它的正当范围，而只变成内乱或野心的掩护了。

斐罗说，除了哲学的和理性的宗教之外，一切宗教都会是如此的。你的推论远比我的事实易于闪避。因为有限而暂时的酬报和责罚有如此巨大的影响，所以无限而永恒的酬报和责罚必有更大更大的影响，这个推论是不对的。我请求你审察一下，我们对于目前的事物的关切，以及我们对于那样渺茫而不确定的对象的漠不关心。当宗教家们滔滔讲演反对这个世界上的一般行为与行动之时，他们就将这个原则称述为可以想象到的最强有力的原则（它实在是的），并且把几乎一切的人类都描述为受着这个原则的影响，描述他们陷入了最深的昏睡状态，毫不关心于他们的宗教利益。但就是这些宗教家们，当他们反驳他们的理论方面的敌手时，就假定宗教的动机是如此的有力，以为没有了这些动机，文明社会就不可能存在；而他们也并不以这样显著的矛盾为耻。根据经验，可以断定，天赋的忠诚和仁慈的最小一颗种子，比起神学理论和系统所提出的最夸耀的看法来，对于人类的行动更有实效。人的自然倾向不断地影响他；它永远出现在心灵前面；它并且与各种看法及考虑混合起来；而宗教的动机，就算有作用的话，也只是起些骤发式的作用而已；宗教动机对于心灵很少可能变成完全是习惯性的。哲学家们说，最大的重力的力量，比起小小的冲动来，只算是无限微细的力量；但是可以断定，最小的重力，终久会胜这一个极大的冲动的；因为没有像吸引力和地心引力那样经常重复的激荡和冲击的。

自然倾向还有另外一个有利条件：它将心灵的一切智巧和聪明都收揽在它这边；当它与宗教的一些原则处于反对状态时，就想出种种方法和技巧来闪避它们；在这些方法和技巧中，它几乎总是得到成功的。谁能够解释人心，或说明人们遵循其自然倾向而违反其宗教责任时所借以满足其自己的奇异的托词和借口呢？这点是为世界上大家所熟知的；只有傻子们才会因为听说某人由于研究和哲学而对于神学上的论题抱有一些理论方面的怀疑，因此就对这个人少信任一些。当我们必须和一个自命为极有宗教信仰和虔诚的人打交道时；这个人的这种条件，对某些自充谨慎的人所起的作用，只是使他们小心戒备，生怕他们会受他的欺骗，此外还有什么其他作用呢？

我们还需作进一步的考察，具有理性和思考的修养的哲学家们，比较的不需要宗教的动机来约束他们在道德规范之内；需要那些动机的只是一般的常人，而他们是完全不能接受一种认为神只是嘉许人类行为中德性的纯粹的宗教的。一般认为上帝所嘉纳的，不外是无谓的仪式，狂欢的舞蹈，或执迷的轻信。这种退化的例子，我们无须回溯到古代，或到异域去寻求。就在我们自己中间，有些人所犯的极大过恶，是为埃及和希腊的迷信中所未有的，这些人以明白的词语公开反对道德，认为对于道德若有些微的信赖或信任，必然就会丧失神恩。

但即使迷信或宗教热狂并不直接违反道德；可是注意力的分散，一类新的而无谓的褒奖的抬高，赏罚的乖谬的施与，必然会产生最有害的后果，并极端削弱人们与正义及人道的自然动机的联系。

这样的一个行动原则，由于它并不是人类行为的任何熟悉的动机，只是间断地对于性情发生作用，所以必须以不断的努力激起，方能使虔诚的热狂者对于自己行为得到满足，并使他完成他的虔诚的任务。人们以貌似的热诚履行许多宗教仪式，但在那时候心却是冷的、委靡的；一种佯装的习惯就逐渐养成了；欺诈和虚伪变成主要的原则。此所以人们通常观察到，最高度的宗教热忱和最高度的虚伪，绝不互相冲突，且往往或通常统一在同一个人的性格之中。

即使在日常生活中，这样的习惯的恶果也是容易想象的；只要在涉及宗教利益的地方，道德就绝对无力束缚热诚的热狂者了。事业的神圣性使各种用来促进宗教的办法都成为正当的了。

单是对于像永恒得救这样一个重要利益的坚定不移的注意，就很容易消灭仁慈的感情，并产生一种褊狭的蔽塞的自私心。当这种性情增长之后，它就很容易地躲避所有的慈善和仁爱的一般箴规。

所以，通俗迷信的动机，对于一般行为并无大的影响；而在这些动机占优势之处，它们的作用对于道德也没有利益。

教士的人数和权威必须限于极小范围之内，并且行政首长应该永远不让他的权标和斧头[①]被这些危险的手掌所控制；在政治上，有什么比这条准则更真确不易的吗？但是假如通俗宗教的精神是有利于社会的，那么应该流行的当是一条与此相反的准则。教士的人数愈多，他们的权威和财富愈大，就总是会提高宗教的精神。既然教士们掌握着这种精神的指导，我们为什么不可以期望从那些专为宗教服务，不断地以宗教教诲他人，而自己也必须更大量地沉浸于宗教精神之中的人身上，看到更圣洁的生活，更多的仁慈和节制呢？但事实上，一个聪明的行政首长对于通俗宗教所能

① 权标和斧头是权力的象征。——译者

策划做到的，至多是就可能所及，玩一种表面维持的把戏，同时防止它们对于社会的有害的影响，这是什么缘故呢？他为着这样一个很低的目的所用的每一种手段，都陷在困难包围之中。假如他在他的臣民之中只容许一种宗教，他必须为着一个并不可靠的安宁希望，而牺牲其对于公众自由、科学、理性、实业以及甚至他自己的独立的每一种打算。假如他采用比较聪明的原则，容许几个教派的存在，他必须对于它们全体保持一种非常哲学的冷淡态度，并且必须谨慎地限制得势的教派的嚣张；否则他能盼望得到的不是别的，只是无止境的争论、吵架、党争、迫害和内乱而已。

我承认，真正的宗教并没有这样有害的后果；但我们必须以通常在这个世界上所见的宗教来论述宗教；我也并不涉及有神论的理论性的教义，这种有神论是一种哲学，它亦必具有哲学的有益影响，但同时因为它和哲学一样总是只限于极少数人之中，所以也处于同样的不利境地。

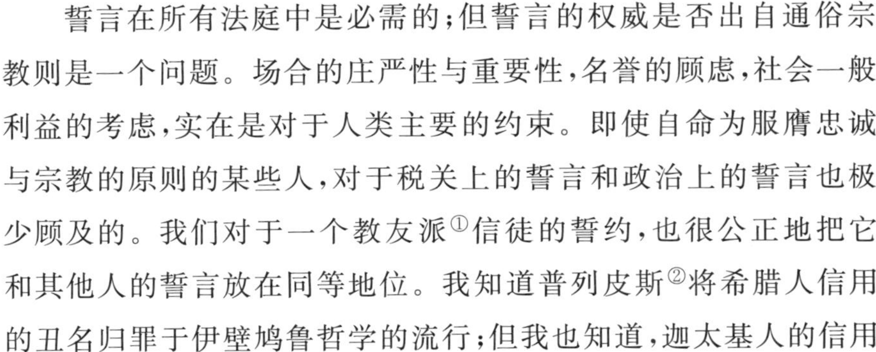

誓言在所有法庭中是必需的；但誓言的权威是否出自通俗宗教则是一个问题。场合的庄严性与重要性，名誉的顾虑，社会一般利益的考虑，实在是对于人类主要的约束。即使自命为服膺忠诚与宗教的原则的某些人，对于税关上的誓言和政治上的誓言也极少顾及的。我们对于一个教友派[①]信徒的誓约，也很公正地把它和其他人的誓言放在同等地位。我知道普列皮斯[②]将希腊人信用的丑名归罪于伊壁鸠鲁哲学的流行；但我也知道，迦太基人的信用

① 教友派（Quakers），1650 年意大利人福克斯（George Fox）所创之教派。——译者

② 普列皮斯（Polybius，205－123B. C.），希腊历史学家。——译者

之在古代，犹如爱尔兰人的证言之在现代，同样地有不好的名誉；虽然我们不能用相同的理由来解释这些通常人的观察。更不必提及，在伊壁鸠鲁哲学兴起之前，希腊人的信用早已是丑声远扬的了；欧里比底斯[①]在我要指给你看的一段文字中，曾在这方面针对他的国家讽示了一席出色的讥刺话。

克里安提斯答道，斐罗，请留心，请留心：不要把事情拉得太远；不要让你反对假宗教的热诚损害了你对于真宗教的虔敬。不要丧失了这个原则，这是生活中主要的、唯一巨大的慰藉；又是我们在所有逆运袭击中的主要的支持。人类想象力所能提出的最合意的想法是纯正的有神论的想法，它将我们看作一位全善、全知、全能的“存在”的作品；他创造我们来获致幸福，他既在我们身上栽植了无量的向善的欲望，将会把我们的存在延长到永恒，把我们转移到无数的不同境地中去，借以满足那些欲望，并使我们有完全而持久的幸福。我们所能想象到的仅次于这样一个“存在”自身的（假如容许这种比较的话）最幸福的命运，就是在他的保护和庇祐之下的命运。

斐罗说，这些外貌是极为动人，极有诱惑性的；而且对于真正的哲学家来说，它们还不只是外貌而已。但在这里，和在前面的例子中一样，对于大部分的人类来说，这些外貌是骗人的，宗教的恐怖通常是胜过宗教的慰藉的。

大家承认，人在为悲痛所苦或为疾病所困的时候最是容易皈依信仰。这不是宗教精神与愁苦，比起与欢乐来，更为密切关联的

① 欧里比底斯（Euripides，480—406B. C.），希腊著名悲剧作家。——译者

一个证据吗?

克里安提斯答道,但人在受苦难之时从宗教中找到了安慰。斐罗说,有时候是这样;但我们可以很自然地设想当他们冥想不知的存在的时候,他们将会构成一个对于这些存在的概念,适合于他们心情的阴郁和悲伤。因此,我们看到可怖的偶像在一切宗教中占着主要的地位;我们自己在描述神的时候,既然用了最夸张崇高的词语,却又陷入了最明显的矛盾。肯定堕入地狱的人在数目上是大大地超过于上帝的选民的。

我敢肯定,从来没有一种通俗宗教把死者灵魂所处的状态描述得非常可羡,使这种状态对于人类成为是十分可取的,使人觉得应该有这样一种状态。宗教的这些形式都只是哲学的产物。因为死是介于目前与未来的境遇之间的,所以死这件事对于自然界是十分惊心动魄的;以致使死后的一切世界必然也蒙上了阴郁;死使一般人想到西伯琉斯[①]和费利斯[②];想到魔鬼和硫火。

的确,宗教中有恐惧,也有希望;因为这两种情绪,在不同的时候,同样激动人心;每一种情绪都构成一种适合于它自身的神性。但当人在心情快乐时,他适宜于做事情、交朋友,或从事于任何种类的娱乐;他自然而然地专心去做这些事情,而丝毫不想起宗教。在悲伤和丧气之时,他只好默想着不可见的未来世界的恐怖,让他自己更深地陷入苦难之中。的确,他以这种方式把宗教的看法深

① 西伯琉斯(Cerberus)系蛇尾三头其状似犬之怪物,冥府中之守门者。——译者

② 费利斯(Furies)系希腊宗教中司复仇之女神,其头发形状似蛇,追逐恶人使之癫狂。女神数不定,后仅三人。——译者

深印入他的思想和想象中之后，也可能产生一种健康或景况的改变，会恢复他的好心情，引起他对于未来欢乐的期望，使他走到快乐与得意的另一极端。但我们仍然必须承认，由于恐惧是宗教的基本原则，所以它是在宗教中占主要地位的情绪，只容许快乐的断续的出现。

更不必提到，这一阵阵过度的、热狂的快乐消竭了精神之后，总是会引出相等的一阵阵的迷信的恐惧和沮丧；而且，也没有比宁静与平稳更幸福的心灵状态了。但是假如一个人认为他是深陷于这样的黑暗与不安之中，处于永恒的幸福与永恒的不幸之间，那么这种平静的心灵状态就不可能保持了。无怪乎这样的一种看法会破坏心灵的正常状态，使它陷于极端的紊乱。虽然这样的看法很少会坚持它的作用，以致影响到所有的行动；但它往往会在性情中引起极大的破裂，并且造成阴郁和悲伤，这在所有虔诚的人们身上是非常显著的。

由于任何的看法而怀着忧惧或恐怖，或者设想我们因为任意使用了我们的理性因而死后会有危险，都是违反常识的。这样的意见包含着荒谬，又包含着矛盾。它之所以为荒谬，是因为相信神有人的情绪，并且是一种最低劣的人类情储，一种不断的爱好赞美的嗜欲。它之所以为矛盾，是因为相信神既然有了这种人类情绪，他就不能也有其他的情绪；特别是将对比他低得多多的生物的看法，不加以理会。

塞内卡[①]说，理解上帝也就等于是礼拜上帝。所有其他的礼

① 塞内卡（Seneca 4? B. C. — A. D. 65），罗马斯多噶派哲学家。——译者

拜实在都是荒谬的、迷信的，甚至是不虔敬的。所有其他的礼拜都将他降到爱好央求、恳求、献礼和阿谀的人类的低级情况。而这种“不敬”还是迷信所犯的罪恶中之最轻微者。通常，迷信把神贬到远低于人类情况之下；视他为一个反复无常的魔鬼，无理性地、无人道地施展它的威力！假如神真要见罪于他所创造的顽愚的凡人的罪恶和愚蠢，那么最通俗的迷信的信徒的命运就当会是十分恶劣的了。那么，也就没有人值得他的恩宠，只有很少的几个哲学的有神论者，他们对于他的神圣完善性，抱有或努力设法抱有适当的概念：配得上神的慈恩和厚爱的人们只是哲学上的怀疑主义者，这也几乎是同等罕有的一派人，他们由于自然地怀疑自己的能力，对于如此崇高、如此非常的一些论题，一概采取或致力于采取悬而不决的态度。

假如自然神学的全部，像某些人所似乎主张的一样，能够包括在一个简单的，不过是有些含糊的，或至少是界限不明确的命题之内，这命题是，宇宙中秩序的因或诸因与人类理智可能有些微的相似；假如这个命题不能加以扩大，加以变动，也不能加以更具体的解释；假如它并不提出足以影响人生的推论，又不能作为任何行为或禁戒的根据；假如这个不完全的类比不能超出以人类理智为对象之外；不能以任何可能的样子推至于心灵的其他性质；假如真是这样的话，那么最善于探究的，最善于深思的，最有宗教信仰的人，除了每当这个命题出现时，即予以明白的哲学的认可，并相信这个命题所借以建立的论证胜过对于它的反驳以外，他还能做些什么呢？诚然，对象的伟大性会自然地引起某种惊奇，它的晦暗性会引起某种伤感，也会引起某种对于人类理性的蔑视，因为人类理性对

于如此非常而如此庄严的一个问题不能给予更满意的解答。但是,克里安提斯,请相信我,一个向往于上帝的人在这种情况下会感觉到的最自然的情绪,是渴盼或渴望上天会给予人类一些更具体的启示,并将我们信仰的神圣对象的本性、属性和作用显示出来,以消除或至少减轻我们这种深重的愚昧。真正体会到自然理性的缺陷的人,会以极大的热心趋向天启的真理;而傲慢的独断论者,坚信他能仅借哲学之助而创立一套完全的神学系统,不屑去获得任何更多的帮助,也摈弃了这个天外飞来的教导者。在学术人士之中,做一个哲学上的怀疑主义者是做一个健全的、虔信的基督教徒的第一步和最重要的一步;这一个道理我很愿意提出来要求潘斐留斯的注意。我并且希望克里安提斯能原谅我在他对于他的学生的教育和教导中大胆地插入了我的意见。

克里安提斯和斐罗不再继续这场谈话了;因为从来没有比那天所有的推理给我更深的印象了,所以我承认,根据对于全部推理的严格的重新检讨,我不得不认为,斐罗的原则比第美亚的原则更有可能性;而克里安提斯的原则还要更为接近于真理。

图书在版编目(CIP)数据

自然宗教对话录/(英)休谟著;陈修斋,曹棉之译.—北京:商务印书馆,2017
(汉译世界学术名著丛书:120年纪念版:珍藏本)
ISBN 978-7-100-14595-4

Ⅰ.①自… Ⅱ.①休… ②陈… ③曹… Ⅲ.①自然宗教—研究 Ⅳ.①B933

中国版本图书馆CIP数据核字(2017)第152463号

汉译世界学术名著丛书
(120年纪念版·珍藏本)
自然宗教对话录
〔英〕休 谟 著
陈修斋 曹棉之 译
郑之骧 校

商 务 印 书 馆 出 版
(北京王府井大街36号 邮政编码100710)
商 务 印 书 馆 发 行
北京市松源印刷有限公司印刷
ISBN 978-7-100-14595-4

2017年12月第1版 开本710×1000 1/16
2017年12月北京第1次印刷 印张8
定价:40.00元